쉽고 재미있는 레드썬의

컬러타로

쉽고 재미있는 레드썬의

컬러타로

레드썬 권우진 지음

Introduction

타로를 하는 많은 사람들의 바람 중에 하나는 좀 더 정확하고 깊은 상담을 하고 싶다는 것입니다. 필자 또한 그런 마음에서 컬러 타로를 연구하게 되었습니다. 컬러 타로가 완벽할 순 없지만 컬러 타로만을 사용하든 유니버셜 웨이트타로나 기타 타로와 함께 사용하든 컬러 타로는 많은 타로인들의 갈증을 해소하는데 기여할 수 있으며 단순한 점술을 넘어 우리의 내면과 연결하고, 삶의 도전을 탐색하고, 우리 삶을 엮는 운명의 실타래를 파악하는데 도움을 줄 수 있습니다.

인간은 누구나 태어나면서 죽을 때까지 여러 다양한 색의 에너지를 가지고 있으며 함께하고 있습니다. 색채는 우리의 감정, 생각, 정신을 전달하는 언어로서 단순한 시각적 현상 그 이상입니다.

다양한 색채에는 인간 삶의 본질을 담고 있으며 세상에 의미를 불어넣고 우리의 인식을 형성하는 감각을 불러일으킵니다. 그리고 색상이 타로의 수수께끼 영역과 만났을 때 새로운 차원의 통찰력과 계시가 나타납니다. 평범함의 경계를 뛰어넘는 컬러 타로 세계로의 여행에 오신 것을 환영합니다.

이 책을 손에 쥐고 있는 동안 당신은 각 카드의 찬란한 색채 속에 숨어 있는 다양한 의미들과 인간 삶의 연결을 통해 우리 자신과 주변 세계에 대한 심오한 탐구를 안내합니다.

컬러 타로는 고대의 지혜와 현대의 이해가 조화롭게 결합된 것입니다. 고유한 색상으로 세심하게 제작된 각 카드는 잠들어 있던 인식을 일깨우고 우리 존재의 에너지를 일깨우며 예술가가 감정을 불러일으키고 이야기를 전달하기 위해 다양한 재료와 기법을 선택하는 것처럼 컬러 타로는 우리를 풍부하고 다양한 색상으로 개인의 이야기를 그리는 해석의 예술가로 초대합니다.

이 책을 통해 당신은 각 색상에 내재 된 의미와 에너지, 그리고 이러한 색상이 타로의 전형적인 이미지와 인간의 다양한 삶에 어떻게 관련 있는지, 어떠한 의미를 내포하고 있는지 탐구하는 새로운 여정을 시작하게 될 것입니다.

뜨거운 열정의 빨간색부터 인간관계의 조화를 나타내는 녹색, 영적인 보라색과 그 이의에 다양한 색상들, 각 색상은 고유한 지혜를 담고 있으며 이러한 컬러 타로를 통해 인간 삶의 다양한 스토리를 탐험하도록 초대합니다.

컬러 타로는 기존 타로의 전통적인 경계를 뛰어넘어 여러분의 본능을 믿고 직관을 포용하며 다양한 색채가 새로운 통찰력을 가질 수 있도록 도와 줄 것이며 색상과 의미를 연결하는 방법을 배우면 자신의 무한한 무의식의 에너지에 접근할 수 있으며 우리의 운명을 구성하는 보편적 에너지와의 연결을 강화할 수 있습니다.

당신이 노련한 타로 상담가이든 호기심이 많은 탐구자이든 이 책은 타로와 색채의 에너지를 통해 당신의 신뢰할 수 있는 동반자, 즉 카드를 탐구하고, 질문하고, 자신만의 연결을 구축하고 그 힘을 활용할 수 있도록 도와 줄 것이며 삶의 여정에서 당신의 동반자가 될 것입니다.

컬러 타로의 지혜는 탐구하는 색상과 마찬가지로 다면적이고 다양한 의미가 있다는 점을 기억해야 합니다. 그것은 당신의 다양한 경험을 통한 삶의 지혜와 만났을 때 더 빛을 발하게 될 것입니다.

이 책을 통해 여러분에게 컬러 타로에서 무한한 영감, 통찰력 및 삶의 지혜를 발견하기를 바라며 많은 축복이 있기를 바랍니다.

2023년 8월
컬러타로연구가 레드썬 권우진

Contents

컬러 36색의 의미

3은 일차적 완성을 나타내는 수이고 6은 이차적 완성을 나타내며 3곱하기 2는 6으로서 음양의 결합을 나타내고 3더하기 6은 9로서 인간계 최고로 큰 숫자로서 인간의 최고 경지를 또 최종 완성을 나타냅니다.

3곱하기 6은 18로서 세상을 향한 신랄한 비판을 할 수 있는 수이고 18에 0을 더하면 180으로 양극을 나타내는 숫자로서 흑과 백 긍정적인 것과 부정적인 것을 나타내는 숫자로서 인생의 길흉화복을 나타냅니다.

36은 중국 손자병법에서 인간이 할 수 있는 모든 계략의 숫자로서 36계로 안 되면 도망치라고 말합니다.

36에 0을 더하면 360의 둥근 원으로서 우리가 살고있는 지구를 나타내며 이는 우리가 살고있는 세상을 나타냅니다.

이처럼 36컬러에는 세상의 모든 문제와 길흉화복 그리고 삶의 지혜가 담겨있다고 할 수 있습니다.

밝은 빨간색
Light Red

빨간색 Red

어두운 빨간색
Dark Red

밝은 오렌지색
Light Orange

오렌지색 Orange

어두운 오렌지색
Dark Orange

밝은 노란색
Light Yellow

노란색 Yellow

어두운 노란색
Dark Yellow

밝은 녹색
Light Green

녹색 Green

어두운 녹색
Dark Green

밝은 파란색
Light Blue

파란색 Blue

어두운 파란색
Dark Blue

밝은 남색
Light Indigo

남색 Indigo

어두운 남색
Dark Indigo

밝은 보라색
Light Violet

보라색 Violet

어두운 보라색
Dark Violet

하늘색 Sky

핑크색 Pink

흰색 White

검은색 Black

회색 Gray

무지개색 Rainbow

다채색 Various

황토색 Ocher

구리색 Copper

고동색 Old Copper

터키옥색 Turquoise

빈티지색 Vintage

반투명 Translucence

금색 Gold

은색 Silver

타로 상담 요령

컬러타로는 컬러타로만 가지고도 상담할 수 있고 다른 카드와 같이 사용해도 좋습니다. 컬러만 사용했을 경우에는 심리적인 측면에서 용이할 수 있고 정확한 점술적인 측면에서 상담한다면 유니버셜 웨이트 타로와 같은 카드와 같이 사용하는 것이 좀 더 정확한 예측을 할 수 있습니다.

해석방법은 예를 들어 유니버셜 웨이트타로의 소드 3번 카드가 나와 상처받는 것이라면 그 상처가 어디서 오는 상처인지 알기란 쉽지 않습니다.

그때 컬러타로를 사용하면 원인을 알 수 있습니다. 컬러가 레드라면 다툼이나 분쟁으로 인해 상처받는 것이고 골드카드랑 나온다면 금전적인 문제로 상처받는 것이고 그린카드와 나온다면 인간관계의 부조화에서 오는 상처라고 할 수 있습니다.

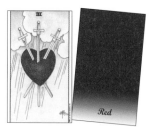
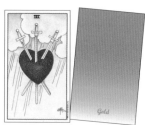
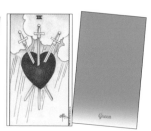

소드 3번+빨간색   소드 3번+금색   소드 3번+녹색

Yes나 No가 불문명한 17번 별카드나 7번 전차카드 같은 카드가 레드 처럼 부정적인 카드와 함께 나온다면 결과가 좋지 않을 것이고 오렌지 같은 긍정적인 카드가 나온다면 이루어 질 것임을 알 수 있습니다.

컬러타로는 타로의 배열법에 맞추어 같이 배열하면 되는 데 쓰리카드 배열법으로 유니버셜 카드와 같이 사용한다면 먼저 유니버셜 웨이트 타로에서 세 장을 뽑고 컬러타로에서 세 장을 뽑아 다음과 같이 배열 한 다음 책의 내용을 토대로 해석을 하면 됩니다. 더 많은 카드를 뽑는 배열법은 배열법 장수에 맞추어 카드를 뽑고 다른 카드와 나란히 배열 한 후 해석하면 됩니다.

──────────────── [예시] ────────────────

바보+빨간색 고위 여사제+파란색 운명의 수레바퀴+핑크색

빨간색 Red

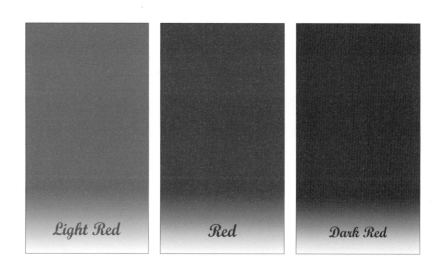

Light Red   Red   Dark Red

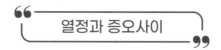

열정과 증오사이

 키워드

권력, 힘, 생산, 피, 남성적 에너지, 위험,
강한 경고, 다툼, 분쟁, 열정, 정열,
뜨거움, 자신감, 적극적, 활동적

🔶 Red 컬러의 특성

☑️ 리더

인간이 처음으로 색명을 지정한 빨간색은 대부분의 상황에서 항상 맨 앞에 존재합니다.

Red에게 두려움이란 없습니다. 무엇을 행동하는 데 있어 실패에 대한 두려움도 없고 다가올 미래에 대한 고난과 역경에 대한 두려움도 없습니다. 늘 적극적이고 무엇이든 행동하려는 성향으로 때때로 문제를 야기하고 큰 혼란을 만들어내지만 이러한 레드가 있기에 세상은 발전해 가는 것입니다.

시각적으로 가장 긴 장파장의 영향으로 다른 어떤 색보다도 가깝게 보이고 실제로 강의 시간에도 가장 앞자리에 앉는 것을 알 수 있습니다. Red는 질문을 하는 것에도 적극적이며 분위기를 이끌어 갑니다. 어디서든 주목받길 원하며 리더이길 원합니다.

☑️ 피와 생명력

피가 흐른다는 것은 동물적인 생명력이 존재한다는 것입니다.

피는 우리 몸 전체에 산소와 영양분을 운반하여 중요한 기능에 필요한 에너지를 제공합니다.

Red는 생명을 주는 힘을 상징적으로 나타내며 활력을 제공합니다.

물론 살아있는 생명체가 다 빨간색 피를 가지고 있는 것은 아닙니다.

인관과 대부분의 포유류는 헤모글로빈을 함유하고 있기 때문에 빨간색이지만 곤충과 갑각류의 일부는 녹색과 노란색 또 다른 일부는 파란색과 투명한 피를 가지고 있습니다. 오징어와 문어의 피는 파란색입니다.

구석기인들은 이 색이 주술적인 힘을 가지고 있다고 믿었는데 알타미라 동굴을 비롯한 구석기시대 벽화에는 빨간색으로 그려진 소가 자주 등장합니다. 그림 속에 소에게 이 색을 칠함으로써 살아있는 존재로 탈바꿈시킬 수 있을 거라 믿었기 때문입니다.

피에 영혼이 깃들어 있다고 빚었던 문화권이 많았는데 예전에는 거의 모든 종교들이 피를 제물로 바치곤 했습니다.

☑ 사랑과 열정

이 색은 사랑의 색으로 대표되지만, 증오의 대표적인 색이기도 합니다.

사랑을 고백하는 색이기도 하고 성적인 매력을 품고도 있습니다. 하지만 사랑에는 아름다운 사랑만 있는 것이 아니라 사랑에서 오는 아픔 고통도 있기 마련입니다.

안타까운 일이지만 타로의 연애운에서 이 색이 나왔다면 사랑으로 인해 행복한 모습이기보다는 고통받고 아파할 때 많이 등장합니다.

장미의 꽃말은 정열입니다. 정열적인 사랑일 수 있지만 장미에는 가시가 존재하듯이 이 색의 사랑에는 가시처럼 방해요소나 장애요인이 있을 수 있고 쉽게 가질 수 없는 사랑이라는 것입니다.

또한 어떠한 경우에는 정신적인 사랑이 결여된 물질적이거나 물리적인 사랑을 나타내며 불륜의 사랑을 나타낼 때 등장할 수 있습니다.

육체적으로는 잘 맞을 수 있지만 쉽게 이를 수 없는 사랑입니다.

☑ 다툼과 분쟁 그리고 전쟁

Red는 갈등 중에 발생할 수 있는 고조된 감정과 공격성을 상징할 수 있습니다.

사소한 일에도 자존심 강하고 참을성이 부족한 컬러는 분노, 좌절감 또는 강렬함을 더욱 부추겨서 둘 사이에 문제를 극대화해 끝장을 보게 만듭니다. 쉽게 흥분하며 뒷일을 생각하지 않습니다.

타로에서 이 색이 가장 많이 등장하는 경우는 다툼이나 분쟁으로 인하여 끝이 났을 때이지만 뒤끝이 없는 이 색은 다시 별일 아닌 듯 화해를 하기도 합니다. 다툼과 분쟁의 컬러인 이 색은 고대 전쟁의 신에서도 찾아볼 수 있습니다.

• 그리스 신화의 아레스: 사나운 전사로 묘사되는 그리스의 전쟁과 폭력의 신인 아레스는 전쟁에 수반되는 유혈 사태와 폭력을 상징하는 빨간색과 관련이 있습니다.

Ares는 파괴, 혼돈, 잔인함을 포함하여 전쟁의 어두운 측면을 나타냅니다

• 중국 신화의 관우: 관우는 전쟁과 충성의 중국 신으로, 종종 붉은 갑옷을 입고 장검을 들고 있는 것으로 묘사됩니다. 그는 명예, 용기, 정의의 상징으로 존경받습니다.

붉은색은 그의 용기와 전사 정신을 나타냅니다.

• 이집트 신화의 세크메트: 세크 메튜는 이집트 전쟁의 여신으로 종종 사자 머리와 빨간 드레스로 묘사됩니다.

그녀는 사자의 힘과 사나움과 관련이 있으며 전쟁의 파괴적인 힘을 나타냅니다. 붉은색은 그녀의 분노와 공격성을 나타냅니다.

• 힌두교 신화의 인드라: 인드라는 힌두교의 전쟁과 천둥의 신으로, 종종 붉은 피부와 벼락을 들고 있는 것으로 묘사됩니다. 그는 힘과 관련이 있으며 악에 대한 선의 승리를 나타냅니다. 붉은색은 그의 불같은 성격과 전사 정신을 나타냅니다.

이처럼 Red는 고대부터 다툼과 분쟁 그리고 전쟁의 상징적인 컬러임을 알 수 있습니다.

☑️ 불

불이 타오르면 빨간색 또는 주황색의 화염이 생성됩니다. 화염의 붉은 색 조는 특정 파장에서 빛을 방출하는 뜨거운 입자와 가스의 존재로 인해 발생합니다.

빨간색은 시각적으로 뜨거운 색으로 인식되어 따뜻함과 열기를 불러일으킵니다.

불의 강렬한 에너지와 변형적인 힘은 빨간색으로 표현되는 활기찬 특성과 일치합니다.

불은 뜨거운 속성을 지니고 있습니다. 무엇을 하든 뜨겁고 화끈하게 행동합니다. 미적미적하는 것은 이 색에 어울리지 않습니다.

무언가 또는 누군가에 대한 깊고 압도적인 열정을 말할 때 "열정으로 불타오르다", 장애물에 직면하고 극복하는 것, 고난을 견디는 것, 용기와 회복력으로 역경에 맞서는 상황에서 "불 속을 걷다", 강렬한 열정이나 사랑을 묘사하며, 그것을 밝고 뜨겁게 타오르는 불에 비유할 때 "열정이 타오른다"라고 표현하는 것처럼 불은 강렬한 경험이나 감정을 묘사하기 위해 은유적으로 자주 사용됩니다.

불은 주변의 모든 것을 태워버리는데 이 색 또한 혼자서 행동하기보다는 같이 행동하기를 부추깁니다.

불타버린다는 것은 사라진다는 것을 의미합니다. 센 불일수록 더 빨리 태워버립니다.

금전운에서 이 색은 돈이 불타버리고 사라진다는 것을 의미합니다.

또한 하던 일이나 사랑이 끝이 나고 연기처럼 사라질 수 있다는 것을 의미합니다.

☑ 흥분

빨간색은 개인에게 생리적, 심리적 영향을 미치고 강한 감정을 불러일으키고 감각을 활성화합니다.

이 색은 심박수, 혈압 및 호흡을 증가시켜 생리적 각성 상태를 높입니다.

이 생리적 반응은 흥분, 강도 및 아드레날린의 감정과 관련될 수 있습니다.

흥분하게 되면 심박수 및 호흡이 빨라지고 점프, 박수 또는 빠르게 말하는 것과 같은 신체적 행동으로 나타날 수 있습니다. 흥분은 감각 지각을 날카롭게 하여 개인을 주변 환경에 더 민감하게 만들 수 있으며 색상이 더 밝게 나타나고 소리가 더 생생하게 보일 수 있으며 촉각이 더 눈에 띌 수 있습니다. 또한 집중력과 추진력을 향상시켜 행동을 취하거나 적극적으로 참여하려는 의지를 촉진할 수 있습니다.

☑ 경고

대부분의 문화권에서 빨간색은 위험, 주의 및 경고의 상징으로 확립되었습니다.

빨간색은 다른 많은 배경과 달리 눈에 잘 띄는 색상입니다. 밝기와 강도로 인해 쉽게 눈에 띄고 사람들의 시선을 빠르게 사로잡습니다. 따라서 빨간색은 경고 신호 및 신호의 효과적인 선택입니다.

신호등의 빨간색은 멈추지 않으면 위험할 수 있다는 경고의 메시지이며 빨간색을 사용하는 경고 표지판의 예로는 정지 표지판, 화재 경보, 비상구 표지판, 주의 테이프 및 고전압 표시기가 있습니다.

이러한 징후와 신호는 빨간색을 사용하여 잠재적인 위험을 알리고 개인에게 주의를 기울이거나 필요한 예방 조치를 취하거나 즉각적인 조치를 취할 것을 촉구합니다.

타로에서도 이 색은 경고를 의미합니다.

운동경기에서 붉은색 카드는 퇴장을 나타내는데 더 이상 경기에 참여할 수 없음을 나타냅니다.

미래에 대하여 레드가 나왔다면 이렇듯 상황이 끝이 나고 더 이상 진행할 수 없다는 것입니다.

그러나 그것은 지금처럼 할 경우에 끝이 날 수 있다는 경고의 의미로 사용해야지 반듯이 끝이 난다고 하는 것은 옳지 않은 상담일 수 있습니다. 결과를 바꾸기 위해 지금의 상황에서 변화한다면 미래는 달라질 수 있습니다.

☑ 식욕

식욕을 자극하고 음식을 더 유혹적이거나 식욕을 돋우는 것처럼 보이게 하기 위해 전략적으로 이 색을 사용하는데 식품 포장, 식당 간판에 사용되거나 요리의 시각적 매력을 향상시키기 위한 장식으로 사용하곤 합니다.

빨간색은 강한 감정을 불러일으키고 흥분이나 강렬함을 유발할 수 있는 것으로 알려져 있습니다. 이렇듯 빨간색에 의해 유발되는 정서적 반응이 간접적으로 식욕에 영향을 미칠 수 있습니다. 빨간색과 관련된 흥분이나 방종의 느낌은 음식에 대한 욕구를 증가시킬 수 있습니다.

이 외에도 빨간색은 권력, 힘, 남성적 에너지, 자신감, 적극성, 활동성, 야망, 투쟁, 스테미너와 연결되어 있습니다.

⦿ Red 컬러의 성격

- ⊘ 이 컬러는 한마디로 불같은 성격이라 할 수 있습니다.
- ⊘ 계몽적이며 리더자의 역할을 합니다.
- ⊘ 외향적이며 적극적이고 매사에 열정과 정열이 있습니다.
- ⊘ 긍정적이고 낙관적이며 용기가 넘치는 사람입니다.
- ⊘ 생각보다 행동이 앞서며 신체적으로 스테미너가 넘칩니다.
- ⊘ 주위로부터 주목받기를 원하고 야망이 있습니다.
- ⊘ 승리하기 위한 경쟁을 좋아하고 2등은 용납되지 않습니다.
- ⊘ 개척정신이 있으며 두려움이 없습니다.
- ⊘ 충동적이며 다혈질적인 기질이 있습니다.
- ⊘ 원기왕성하며 강렬한 캐릭터의 행동파입니다.
- ⊘ 다소 감정 기복이 있는 변덕쟁이일 수도 있습니다.
- ⊘ 오늘 할 일을 내일로 미루지 않습니다.
- ⊘ 모든 것에 능통하고 인텔리전트 하게 보이길 원합니다.
- ⊘ 이기적인 면이 있고 남의 말을 잘 듣지 않습니다.
- ⊘ 외견상 조용해 보이더라도 사실은 격심한 감정과 욕망을 감추고 있는 사람입니다.

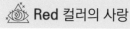 **Red 컬러의 사랑**

☑ **열정적인 사랑**

Red의 사랑은 열정적이고 격정적인 사랑입니다.

사랑에 관한 열망의 에너지가 분출되었다는 것입니다.

지금과 같이 Red가 시작하는 과정에서 나온다면 열정적으로 사랑이 시작되었다는 것입니다.

첫눈에 호감을 느끼고 사랑에 빠졌을 가능성이 있습니다.

하지만 쉽게 뜨거워진 사랑은 쉽게 식을 가능성도 있기에 이 카드 뒤에 나오는 카드들을 눈여겨볼 필요가 있습니다. 또한 Red하면 장미가 연상되는데 장미에는 가시가 있듯이 Red의 사랑에는 가시가 존재한다는 것입니다. 가시는 이들이 겪게 될 고통이나 어려움 또는 넘어야 할 장애물로 생각할 수 있습니다.

Red의 사랑은 욕망과 집착 그리고 부도덕의 사랑이 될 수도 있습니다. Red의 사랑은 클럽에서 하루 만나 즐기는 그린라이트와는 다른 개념입니다.

위험한 사랑에 대한 경고의 메시지라 할 수 있습니다. 정신적인 사랑은 결여된 다소 집착과 욕망에 사로잡힌 광기 어린 사랑일 수 있습니다.

또한 집착으로 상대방이 힘들게 한다거나 폭력적인 나쁜 성향 사람과의 관계를 나타내기도 합니다.

☑ 다툼과 분쟁

대부분의 사랑에서 Red가 등장하는 경우 다툼이 있었거나 스트레스를 받고 있다는 것을 나타냅니다. Red가 나왔다면 같이 배열된 유니버설 웨이트타로가 어떤 카드가 나왔든 Red의 해석이 우선시 되는데 컬러의 톤에 따라 다툼이나 스트레스의 강도가 다르다는 것입니다.

light Red라면 사소한 말다툼이 있었다는 것이고 원색의 Red가 나왔다면 다소 심한 다툼이 있었다는 것이고 dark Red라면 정말 돌이킬 수 없는 큰 다툼이 있었을 것입니다.

또 한편으로는 같이 배열되어 나오는 유니버설 웨이트타로에 따라 왜 다툼이 있었는지 예측할 수 있습니다.

연인 카드에 Red가 나왔다. 연인 사이에 문제가 생겼다는 것입니다.
서로 바라보는 지향점이 다르고 생각의 차이로 인해 다퉜을 가능성이 있고 어느 한쪽이 다른 사람에게 관심을 보임으로 인해서 문제가 생겼을 가능성이 있습니다. 또한 내가 생각하는 기준치에 상대방이 부합하지 못한다고 생각하기에 문제가 발생했습니다.

서로 생각의 차이가 크다. 한 사람은 불이라고 하고 한 사람은 물이라고 합니다. 의견의 차이가 크기에 쉽게 해결되지 못한다. 서로에 대한 이해와 배려가 필요합니다.

내 주장만 펼치다 보니 다툼이 발생했거나 극심한 스트레스를 받고 있습니다.

사랑이든 다른 무엇이든 내가 원하는 것을 하고자 하는 의욕만으로 성공할 수는 없습니다.

원하는 것을 이루기 위해서는 절제와 기술이 필요합니다. 또한 두 컵을 적절하게 섞듯이 두 사람 간에 조화가 필요합니다. 이것은 무조건적인 양보가 아닌 밀당처럼 적당히 이해하고 배려했을 때 내가 원하는 것을 이룰수 있다는 것입니다. 하지만 지금의 배열이 나왔다면 그러지 못하였기에 문제가 발생했다는 것입니다.

성격이 이기적인 면이 강한 외골수 타입이고 자신이 최고라 생각하며 상

대방에 대한 의심이 많습니다. 다정다감한 모습은 없고 다소 딱딱하고 고집불통이다 보니 말이 잘 통하질 않습니다.

그런 일방적인 성향으로 인해 서로 간에 다툼이 발생했거나 극심한 스트레스를 받고 있습니다.

경우에 따라서는 두 사람의 만남을 부모 그중에서도 특히 아버지가 반대할 때 이 배열이 나올 수 있습니다.

사랑은 서로 주고받는 것입니다. 내가 사랑하는 만큼 사랑을 받고 싶어 하고 내가 베푸는 만큼 받고 싶은 것이 사람의 마음입니다. 그러나 지금의 경우라면 공평하지 못한 사랑이라고 생각하기에 문제가 발생했다는 것입니다.

이것은 다소 계산적인 사랑이라 생각할 수도 있겠지만 남녀 간의 사랑에 있어서 서로 공평하게 주고받는 것은 상대방에 대한 최소한의 배려입니다. 이러한 배려 없이 두 사람의 사랑은 오래 지속될 수 없습니다.

두 사람 간에 자존심 싸움이 있었던 것 같습니다. 상대방을 이기려고 하는 마음으로 인해 두 사람 간에 문제가 발생되었습니다. 이것은 일종의 주도권 싸움으로 비칠 수도 있습니다. 사랑에 있어서 상대방을 이겼다 한들 지금 당장이야 기쁠지 모르겠지만 미래로 보았을 때는 전혀 도움이 되지 않는다는 것을 알아야 합니다.

🔮 사랑에 대한 경고

연애운에서 미래 자리에 Red가 나왔다면 두 사람의 사랑이 끝날 수 있음을 암시합니다.

그러나 미래에 확실한 것은 없기에 끝이 난다고 단정 지어 말하기보다는 빨간 경고등이 들어왔다고 말해야 합니다. 지금처럼 한다면 끝이 날 수 있다는 것이기에 사랑을 유지하기 위해서는 지금과는 다른 변화가 필요합니다. 그 변화는 현재 자리에 나와 있는 카드를 보고 그 카드에서의 문제점을 찾아 더 이상 그런 문제가 발생하지 않도록 해결해 나가야 합니다.

과거	현재	미래

예를 들어 지금과 같은 경우 미래 자리에 소드 6번과 Red는 두 사람의 사랑이 끝이 날 수 있음을 암시합니다. 그 원인을 앞의 현재 자리의 완주 2번과 blue에서 알 수 있습니다.

과거에는 두 사람이 알콩달콩 달달한 사랑을 해왔음을 알 수 있습니다. 그러나 현재 상황을 보면 마음이 애인보다 다른 것에 가 있다는 것을 알 수 있습니다. 완주 2번은 보통 일에 대한 야망을 나타내는데 애인보다 일에 신경을 쓰느냐고 상대방을 돌아다볼 여유가 없습니다. 그러다 보니 차차 자연스럽게 두 사람을 멀어질 가능성이 있고 헤어질 수 있다는 빨간 경고등이 들어온 상태입니다.

아무리 바쁘더라도 상대방에게 나 바쁘니까 이해해달라고 하기보다는 따뜻한 사랑의 말 한마디 메시지 하나가 더 필요해 보입니다. 바빠서 만날 시간이나 연락할 시간이 없다는 것은 상대방에게는 '너는 소중하지 않아'라는 모습으로 비칠 수 있습니다. 사랑을 이어가고 싶다면 일만큼 사랑하는 사람에게도 관심을 가져야 합니다.

Red 컬러의 금전운

Red는 돈이 불타버린다는 것입니다. 또한 수입보다 지출이 많다는 말로 붉을 적자를 써서 赤字(적자)라고 이야기합니다. 이렇듯 Red는 금전운에서 손실이 있다는 것을 말합니다. Red의 지출은 선택이 아닌 꼭 지출해야만 하는 상황이 있음을 암시합니다. 하지만 Red의 지출이라고 해서 반드시 안 좋은 지출을 의미하는 것은 아닙니다. 미래를 위한 투자 같은 경우도 이에 해당됩니다.

같이 나온 유니버설 타로를 통해 어떠한 이유로 돈이 나가는지 예측할 수 있습니다.

또한 Red의 톤에 따라 지출의 크기를 예상할 수 있지만 상황에 따라 그 크기는 천차만별이기에 수치상으로 표현할 수는 없습니다. 다만 light Red는 작은 지출 Red는 좀 큰 지출 dark Red는 상당히 큰 지출이 있을 수 있다는 것입니다.

돈에 대한 계획성이 부족합니다. 홈쇼핑을 보다가 갑자기 구매를 하는 것과 같이 즉흥적으로 사용하는 경향이 있습니다.

현실을 직시하지 못하고 지금처럼 소비한다면 큰 낭패를 볼 수도 있습니다.

새로운 도전이나 여행을 하기 위해 돈이 지출될 수 있습니다.

돈을 절약하기 위해서는 미리 계획을 세우는 것이 필요해 보입니다.

소송이나 다툼 분쟁으로 인해 손실이 예상됩니다.

하고 있는 일의 법적인 문제는 없는지 다툼은 발생하지 않는지 꼼꼼하게 살펴보고 추진할 필요가 있습니다.

돈을 어떻게 사용할 것인가에 대하여 고민하고 있습니다. 감정적인 접근 보다는 냉철한 이성적인 판단이 요구됩니다.

카페를 하기 위해 바리스타 공부를 한다든지 자격증 시험을 위해 학원에 다닌다든지

미래를 위해 투자하여 공부를 하고 있는 모습입니다.

원하는 결과를 얻기까지 힘든 과정이 필요하지만 포기하지 않고 열심히 하다 보면 좋은 결과가 있을 수 있으니 지금은 다른 무엇보다 그것에 집중할 필요가 있습니다.

내 돈을 누가 훔쳐 가는 모습입니다.

사기를 당할 수 있으니 조심해야 합니다,

투자나 투기를 하면 손해 볼 가능성이 높으니 도박이나 주식은 당분간은

하지 말아야 합니다,

너무 욕심을 부리면 위험에 처할 수 있으니 욕심을 버려야 합니다.

결혼을 한다거나 이사를 하는 경우와 같이 가족과 연관되어 돈이 지출되

는 상황입니다.

이와 같은 경우라면 안 좋은 지출은 아니지만 때로는 가족 중에 문제가

발생되어 지출이 될 수 있으니 유의할 필요가 있어 보입니다.

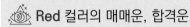

매매의 결과를 나타내는 자리에 레드가 나왔다면 매매가 쉽게 이뤄질 수 있는 상황은 아닙니다.

지금 거래한다면 매입이 되었든 매수가 되었든 손해를 볼 것입니다.

어쩔 수 없는 상황이라면 손해를 감수하고 매매를 해야겠지만 급하지 않은 것이라면 상황이 좋아질 때까지 기다릴 필요가 있습니다.

합격에 관한 질문이라면 떨어질 가능성이 큽니다.

그러나 미래의 절대적이란 것은 없다. 지금까지 준비해 온 것보다 더 많은 노력이 필요해 보입니다.

사업을 하는 데 있어서 빨간 경고등이 들어왔습니다.

그동안 추진해 오던 프로젝트가 완성을 이루지 못하고 문제가 발생합니다.

그동안의 노력이 물거품이 되고 자칫 잘못하다간 사업이 끝이 날 수 있습니다.

동업자 또는 거래처와 문제가 발생할 가능성이 있습니다.

처음에 계획한 대로 진행되지 못하고 변경될 가능성이 있습니다.

 Red 컬러의 진로 적성

Red는 가장 활발한 움직임이 있는 컬러입니다.

열정적이고 적극적이며 조용한 환경에는 어울리지 않습니다.

야망이 크고 리더가 되길 원합니다.

• 기업 CEO, 정치인, 운동선수, 연예인 등 활동적이고 적극성이 필요한 직종

👁 Red 컬러의 건강운

Red는 피의 컬러입니다.

피와 연관된 질병이나 사고를 조심해야 합니다.

같이 나온 유니버설 웨이트타로에 따라 심혈관질환이나 사고사를 나타냅니다.

- 심혈관, 신경계통, 뇌졸중, 중풍, 교통사고, 추락사

✒ 내 이름은 빨강 - 오르한 파묵

나는 빨강이어서 행복하다.

색은 눈길의 스침, 청각장애인의 음악, 어둠 속의 한 개 단어다.

수천 년 동안 책에서 책으로, 물건에서 물건으로 바람처럼 옮겨 다니며 영혼의 말소리를 들은 나는, 내가 스쳐 지나간 모양이 천사들의 스침과 닮았다고 말하고 싶다.

나는 여기에서 당신들의 눈에 말을 걸고 있다.

이것이 나의 신중함이다.

그리고 다른 한편 동시에 나는 공중에서 당신의 시선을 통해 날아오른다.

이것이 나의 가벼움이다.

나는 빨강이어서 행복하다!

나는 뜨겁고 강하다.

나는 눈에 띈다.

그리고 당신들은 나를 거부하지 못한다.

나는 숨기지 않는다.

나에게 있어 섬세함은 나약함이다.

무기력함이 아니라 단호함과 집념을 통해 실현된다.

나는 나 자신을 밖으로 드러낸다.

나는 다른 색깔이나 그림자, 붐빔 혹은 외로움을 두려워하지 않는다.

✒️ 내 이름은 빨강 – 오르한 파묵

나를 기다리는 여백을 나의 의기양양한 불꽃으로 채우는 것은 얼마나 즐거운 일

인지 내가 칠해진 곳에서는 눈이 반짝이고 열정이 타오르고, 새들이 날아오르고,

심장 박동이 빨라진다.

나를 보라!

산다는 것은 얼마나 아름다운가!

나를 보시라!

본다는 것은 또 얼마나 아름다운가!

본다는 것은 또 얼마나 아름다운가!

본다는 것은 또 얼마나 아름다운가!

산다는 것은 곧 보는 것이다.

산다는 것은 곧 보는 것이다.

나는 사방에 있다.

삶은 내게서 시작되고 모든 것은 내게로 돌아온다.

나를 믿어라!

오렌지색 Orange

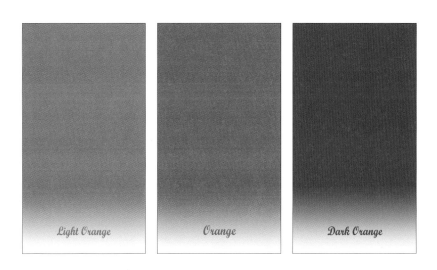

Light Orange

Orange

Dark Orange

" 인생은 즐겁게... "

 키워드

행복, 현실주의, 육체적 쾌감, 생산, 실천, 분석,
지적인 욕구, 자신감, 미식가, 즐거움,
물질적, 욕심 , 오렌지족

Orange 컬러의 특성

☑ 행복과 즐거움

Orange 컬러를 보면 가장 먼저 느껴지는 에너지는 행복과 즐거움의 컬러라는 것입니다.

Orange 컬러를 보고 우울하다고 생각하는 사람은 거의 없을 것입니다.

Orange 컬러는 열정적이고 활기찬 Red의 에너지와 천진난만하고 유머러스한 엘로우가 만나 이루어진 컬러입니다.

Orange 컬러는 일출이나 일몰 동안 따뜻한 햇볕을 연상시킵니다. 사람들은 일몰의 컬러를 붉은 노을이라 칭하지만 사실은 주황색입니다. 햇볕은 따뜻함, 빛, 행복감을 가져다주기 때문에 긍정적인 감정과 관련이 있습니다.

많은 문화권에서 주황색은 기쁨, 낙천주의, 긍정적인 에너지와 관련이 있습니다. 이 문화적 상징주의는 색에 대한 우리의 인식에 영향을 미치고 우리가 그것을 볼 때 행복감을 느끼게 합니다.

이것은 우리에게 만족감을 줄 수 있는 모든 것에 반응하는데 섹스의 즐거움, 먹는 것에 대한 즐거움, 보는 것에 대한 즐거움 등 인간이 누릴 수 있는 모든 쾌락과 연결될 수 있습니다.

☑ 사교성의 컬러

Orange 컬러는 시선을 빨리 사로잡을 수 있는 눈에 잘 띄는 색입니다.

다른 사람의 시선에 상관없이 어디서든 쉽게 어울리며 자신의 존재감을 과시합니다.

상호작용과 의사소통을 촉진하는 사교적인 색상으로 환영하고 친근한 분위기를 조성하여 사회적 참여를 장려할 수 있습니다.

재치 있고 유쾌한 이 컬러는 서로 간의 대화를 이끌어 갈 수 있도록 도와주며 정신적인 유대감을 높여주어 의사소통을 도와주고 대인관계의 폭을 넓혀줍니다.

항상 긍정적인 에너지로 분위기를 이끌어가며 다른 사람들에게 행복한 에너지를 전달합니다.

☑ 욕망의 컬러

Orange 컬러는 열정과 강렬함을 불러일으킬 수 있는 활기차고 활기찬 색상입니다. 그것은 낭만적인 욕망이든, 창조적 욕망이든, 무언가에 대한 일반적인 갈망이든 욕망과 관련이 있습니다.

주황색은 자신감과 욕망을 추구하려는 의지를 나타낼 수 있는 대담한 색상인데 개인이 행동을 취하고 원하는 것을 추구하도록 영감을 줄 수 있습니다.

또한 관능과 섹슈얼리티와 연관될 수 있는데 따뜻하고 매력적인 성격은 욕망과 매력을 불러일으킬 수 있습니다.

Orange 컬러의 이러한 욕망은 실현될 경우 대단한 만족감을 줄 수 있지만 그렇지 않을 경우 집착으로 변질되어 만족스럽지 않게 되어 삶의 기쁨을 저하시킬 수 있는 작용을 하기도 합니다.

그렇지만 만족스럽지 않다와 나쁘다는 완전히 다른 개념입니다. Orange 컬러의 욕망 결과물이 안 좋을 경우 그것이 나쁜 결과물은 아닐 수 있습니다. 다만 본인이 만족하지 못한다는 것이므로 해석 시에 유의할 필요가 있습니다.

☑️ 식욕의 컬러

오렌지, 귤, 망고와 같이 자연적으로 주황색인 많은 과일은 상쾌하고 달콤한 맛이 납니다. 주황색은 종종 신선함과 관련이 있고 식욕을 자극할 수 있는 감귤류 과일의 풍미를 불러일으킬 수 있습니다. 또한 Orange 색은 따뜻함, 에너지, 긍정성과 관련이 있는 경우가 많습니다. 이 긍정적인 심리적 연관성은 식사를 위한 쾌적하고 매력적인 분위기를 조성함으로써 간접적으로 식욕을 향상시킬 수 있습니다. Orange 컬러는 일반적으로 과일과 채소가 풍부한 가을의 수확철과 관련이 있는데 풍요는 무의식적으로 다양한 음식을 먹고 싶은 욕구를 유발할 수 있습니다.

눈에 잘 띄고 생생한 색인 Orange 컬러는 음식 프레젠테이션이나 포장에 사용하면 주의를 끌고 시각적 흥미를 자극하여 음식을 더욱 매력적이고 식욕을 돋울 수 있습니다.

☑️ 주홍글씨

주홍 글씨는 Nathaniel Hawthorne이 1850년에 출판한 소설입니다. 이 이야기는 17세기 뉴잉글랜드 청교도를 배경으로 하며 옷에 주홍글씨 "A"를 달도록 강요당하는 주인공 Hester Prynne을 중심으로 이야기가 전개되는데 주홍글씨 자체는 소설 전반에 걸쳐 여러 가지 의미를 담고 있습니다.

17세기 청교도 보스턴에서 Hester Prynne은 간통을 저질렀고 공개적으로 주홍 글씨 "A"로 수치를 당했습니다. 그녀는 애인의 정체를 밝히기를 거부하고 아이의 아버지인 Arthur Dimmesdale 목사는 자신의 죄를 숨깁니다. Hester는 배척에 직면하지만 의연하게 대처합니다. 복수심과 집착에 사로잡힌 인간 본성의 어두운 면을 상징하는 Roger Chillingworth

는 복수를 추구하고 Dimmesdale을 고문합니다. 심리적으로 고통을 겪는 Dimmesdale은 공개적으로 자백하고 사망합니다. 부담에서 벗어난 헤스터는 보스턴으로 돌아와 존경받는 삶을 삽니다. 소설은 죄, 죄책감, 위선, 판단, 사회에서의 개인적 성장을 탐구하고 있습니다.

오렌지족

컬러타로에서 오렌지색을 잘 활용하려면 오렌지족을 이해할 필요가 있습니다.

오렌지족

1990년대 X세대와 관련있는 사회 용어이다. 특히 강남구의 부유층 자녀들이 압구정동 등지에 형성했던 서브컬쳐 집단을 일컫는다. 기존 세대에 충격을 주었다. 최초에는 압구정에 모여들었던 부유층 젊은이들의 문화를 일컬었으나, 이후 사회 전반으로 확장되어 소비적 문화에 열중하는 철부지 성향을 의미하게 되었다. 공식명칭은 수입 오렌지족이라고 하는데 특히 방학기간, 혹은 졸업 후 귀국한 부유층 유학생들 사이에서 많이 일어났다는 점 때문에 붙여진 것으로 추정된다. 그들의 소비문화는 서구적 문화를 동반했는데, 80년대에 바나나가 그랬듯이 90년대에는 오렌지가 비싸고 귀한 과일이었다. 어원에 관해선 첫째로 서구적 과일이라는 상징성도 있었을 것이고, 당시 수입 맥주에 라임이나 오렌지 슬라이스를 넣어 먹던 유행과 관련이 있을 수도 있다. 둘째는 주로 한인이 많이 사는 LA, 캘리포니아의 유학생들이 많아서(캘리포니아는 오렌지로 유명)이 이름이 붙은게 아닐까 하는 추정이 있다. 실제로 미국 이민 초창기 한인들의 주요 일터가 오렌지 농장이기도 했다.

"오렌지족"이라는 명칭이 어떤 면에 초점을 맞추고 있는지에서도 알 수 있듯이, 물론 소비문화도 비판을 받았다.

물론 그들의 소비문화 역시 중요한 측면이다. 다만 오렌지족이 사치를 한 예라고 해 봤자 고급차, 양담배, 양주 정도가 전부로서 오히려 요즘의 명품 문화가 더 미

🖋 오렌지족

쳐돌아가고 있다고 할 수 있다. 오렌지족이 사회에 충격을 불러왔던 이유는 그들이 최초로 소비 문화에서 자아를 찾았던 세대라는 점 때문이다. 즉, 부모 세대가 놀란 점은 그들이 경제를 일으켜 세우거나 정치를 개혁하는 게 아니라, 쓰고 노는 것에서 보람을 찾는다는 사실에 있었다. 부정적으로 말하자면 피땀 흘려 돈 벌고 키워 놨더니 이 연놈들이 펑펑 쓰기만 했다. 긍정적으로 말하자면 경제, 정치에 이어 문화에 열중했다.

이러한 패러다임 변화는 90년대 X세대에게 공통적으로 나타났는데, 오렌지족은 이의 첫 첨병이었던 탓으로 미디어에 특히 부정적 이미지로 나타난 면이 없지 않다. 사실 그들의 유흥이나 소비 행태는 오늘날의 강남이나 홍대 앞 클럽과 딱히 다르지도 않다. 또한 성문화에 대한 설명만 들으면 마치 당시의 압구정에 술집과 나이트만 즐비했을 것 같지만, 실은 당시의 압구정은 커피, 와인, 컬렉터 샵, 판금된 음악, 갤러리 등의 문화가 움트는 곳이었다.

문제는 6.25 이후 피땀 흘려 경제를 부흥시킨 부모 세대 및 독재정권과 사투를 벌여온 형-언니 세대가 보기에는 도저히 이해할 수 없는 곳에 돈을 써 버렸다는 점이다. 그리고 자기가 번 돈이 아니라 부모의 돈을 썼다는 점이다.

셋째로, 압구정의 경우 유흥 문화와 성문화 등 일시적 쾌락과 허무주의에 집중하는 면이 분명 존재했고, 비슷한 시기 홍대 앞의 게릴라 문화와는 달리 자생적, 창조적, 생산적인 면은 거의 찾아보기 힘들었다는 점이다. 그러나 이러한 허무주의적 면이야말로 오렌지족이 당대 세기말의 아이콘이 된 이유이기도 하다.

*출처-나무위키

◈ Orange 컬러의 성격

⊘ 따뜻한 마음을 가졌으며 매사 긍정적인 사고방식을 지니고 있습니다.

⊘ 외향적이며 대담하고 친근하며 유머 감각을 가진 기분 좋은 사람입니다.

⊘ 공격적이기보다는 적극적이며 단호한 사람이기도 합니다.

⊘ 혼자 있는 것을 싫어하고 늘 사람들과 같이 어울리고 즐기기를 바랍니다.

⊘ 매력적이며 사교적이지만 다소 무례하게 보일 수도 있습니다.

⊘ 사람을 돕는 것에 만족해하며 사람들은 당신의 긍정적인 에너지에 영향을
  받습니다.

⊘ 당신은 관대한 편이며 자유로운 영혼이라 할 수 있습니다.

⊘ 여러 취미생활을 즐기며 모험적인 것도 좋아합니다.

⊘ 운동에도 소질이 있으며 늘 새로운 도전을 꿈꿉니다.

⊘ 솔선수범하며 심성이 착하고 유쾌한 성격입니다.

⊘ 깨끗한 성격으로 늘 정리 정돈을 잘합니다.

⊘ 사회적으로 부지런하나 집안일은 게을리할 수 있습니다.

⊘ 늘 새로운 것을 좋아하기에 일상적인 것에는 금방 싫증을 느끼게 됩니다.

⊘ 스트레스 받는 사람을 보면 빨리 극복하기를 강요하기도 합니다.

⊘ 자기중심적인 성격이며 냉담한 성격이 나타나기도 합니다.

⊘ 너무 욕심이 많을 수도 있습니다.

Orange 컬러는 자체로는 긍정적인 성격이 강하나 같이 보는 유니버설 웨이트타로 또는 컬러의 톤에 따라 부정적인 모습을 나타내기도 하니 해석에 주의할 필요가 있습니다.

지금과 같이 긍정적인 유니버설 웨이트 타로와 라이트 light Orange 또는 Orange일 경우 지금 무척이나 행복하고 즐거운 연애를 하고 있다는 것입니다.

자신감에 차 있으며 상대를 만나면 어린아이가 된 것처럼 마냥 행복하기만 합니다.

우리의 사랑은 앞으로도 변치 않을 것이라는 자신감에 차 있습니다.

만약 지금의 배열이 현재에 나오고 미래 자리의 부정적인 카드 배열이 나왔다면 지금의 낙관적이고 자신만만한 모습으로 인해 오히려 문제가 발생할 수 있다는 것입니다.

긍정적인 유니버설 타로가 같이 나왔지만 Dark Orange 라면 지금 즐겁지 않다는 것입니다.

두 사람이 어떤 문제가 있는 것은 아니지만 자신이 생각했던 기대치에 비해서 지금의 사랑에 만족하지 못하고 있습니다.

정신적인 사랑이 결여된 다소 쾌락 위주의 사랑일 수 있습니다.

나는 강하게 원하는 것이 있는데 그 사람은 어린아이처럼 천하 태평 합니다.

내 마음을 헤아려 주지 못합니다. 기대가 높으면 실망도 큰 법이니 기대치를 낮추고 가벼운 마음으로 만날 필요가 있습니다.

만나면 즐거운 듯하지만, 자존심 상하고 신경 쓰이는 것이 있습니다.

그 사람과 어떻게든 잘해보고 싶은 마음은 강하지만 이 문제는 쉽게 해결되지 못합니다.

그 사람에 대한 나의 마음은 확고하지만 내 뜻대로 진행되지 않습니다.

내 자존심을 내려놓으면 즐거운 만남을 할 수 있습니다.

그 사람의 매력에 도취되어 있다. 그러나 지금의 사랑은 도덕적으로 문제가
있을 수 있습니다.

눈에 콩깍지가 끼어있어 그 사람을 제대로 파악하지 못하고 있습니다.

다른 사람들은 이들의 사랑을 이해하지 못할 수 있습니다.

정신적인 사랑이 배제된 물질적인 또는 육체적인 사랑입니다.

나쁜 남자 스타일이지만 나는 만족하고 있습니다.

나를 구속하려 하지만 나는 그것이 사랑하기 때문이라 생각되기에 만족합
니다.

단순한 감정이 아닌 이성적으로 생각해 볼 필요가 있고 그 사람을 너무 믿어
서는 안 됩니다.

✨ Orange 컬러의 금전운

오렌지족을 보면 알 수 있듯이 Orange 컬러는 돈을 잘 벌고 잘 쓰는 컬러입니다.

어느 정도 자금력이 있으며 베풀 줄도 압니다.

하지만 Orange 컬러는 기본적으로는 금전운에서 좋은 의미이지만 같이 나온 유니버설 타로 나 컬러 톤에 따라서 그 해석이 달라질 수 있기에 주의가 필요합니다.

돈 버는 일이 즐겁고 나름대로 만족하고 있습니다.

쇼핑을 하고 맛있는 음식을 먹고 주로 나를 위해 돈을 쓰고 있습니다.

지금의 금전 상황에 만족하고 있고 앞으로도 좋을 것이라 생각하고 있습니다.

지금 나의 금전 상황에 만족하지 못하고 있습니다.

하고 싶은 것을 하기에 부족하다 느껴지고 더 많은 돈을 벌고 싶습니다.

나 혼자서 돈을 버는 것에 한계가 느껴지고 미래의 금전 상황에 대해서도 다소 부정적인 생각이 듭니다.

금전적인 문제로 상당한 스트레스를 받고 있습니다.

돈을 벌고 싶은 마음은 강하지만 어떻게 하면 벌 수 있을지 앞이 보이지 않습니다.

계획적으로 금전관리를 못하고 흥청망청 즐기며 쓰다 보니 어려움에 처해있습니다.

지금은 사업 또는 투자나 투기를 하기에는 좋지 못하다 욕심이 화를 불러올 수 있습니다.

인생은 타이밍이라 했던가 지금이 돈을 벌 기회입니다.

하고 싶은 사업이나 투자가 있다면 지금이 적기입니다.

자신감을 가지고 즐거운 마음으로 시작하면 됩니다.

목돈이 들어올 수 있습니다.

 ## Orange 컬러의 매매운, 합격운

Orange 컬러의 매매는 유니버셜타로의 긍정 부정에 따라서 그 결과가 달라
집니다.

만족스럽게 매매를 한 후 주변 사람들과 축하를 나누는 모습입니다.

원하는 기간에 원하던 금액으로 매매가 이루어질 가능성이 있습니다.

만족스러운 매매 결과가 이루어질 것 같습니다.

원하는 기간에 원하는 금액으로는 매매가 이루어지지 않습니다.

지금의 조건으로 매매를 원한다면 당분간은 생각을 접는 것이 좋겠습니다.

기다리다 보면 상황은 점점 나아지고 미래에는 매매가 이루어지는 날이 올
것입니다.

느긋한 마음으로 결과를 받아들이고 만족해하는 모습입니다.

열심히 준비했기에 자신감도 있고 긍정적인 결과를 기대하고 있습니다.

너무 자만하지만 않는다면 만족스러운 결과로 합격하게 될 것입니다.

지난 일을 후회하고 아쉬워하는 모습입니다.

오늘만 놀고 준비하자고 하다 보니 벌써 시험입니다.

그동안 준비가 부족했던 것을 알기에 자신감이 부족합니다.

합격의 가능성이 적습니다. 그래도 이번 시험에서 얻는 것이 있으니 다음을
준비하는 것이 좋겠습니다.

Orange 컬러의 보색은 Blue컬러 입니다. Blue는 정신력을 동반하는 마음을 나타냅니다.

중요한 건 꺾이지 않는 마음이라 했던가 시험의 기일이 남아있다면 지금부터라도 자신감을 가지고 혼신의 노력을 다한다면 결과를 긍정적으로 바꿀 수 있으니 노력하면 됩니다.

🔮 Orange의 사업운

즐거운 마음으로 사업을 잘 진행하고 있습니다.

잘할 수 있을 거란 자신감이 있고 머지않아 원하는 결과를 얻게 될 것입니다.

동료들 또는 거래처와 관계도 좋고 점점 좋아집니다.

활동적이고 먹는 것 또는 즐거움을 주는 직업이 어울립니다.

• 요리사, 엔터테인먼트 관련업, 연예인, 운동선수, 정치인

요리사, 엔터테인먼트 관련업, 연예인, 운동선수, 정치인이 어울립니다.

이 중에서 어떤 것에 흥미를 느끼고 있습니까?

처음부터 최고가 될 수는 없습니다. 기본부터 차근차근 실력을 쌓아 올라간
다면 언젠가는 그 분야의 최고가 될 수 있습니다.

힘들더라도 긍정적인 마인드가 필요합니다. 내가 좋아하는 일을 한다는 것
은 축복받은 것입니다.

나의 노력으로 다른 사람들을 행복하게 해줄 수 있습니다. 그것이 곧 나를
성공으로 이끄는 힘입니다.

Orange 컬러는 인간의 쾌락과 연관된 건강 문제를 나타냅니다.

기본적으로 Orange 컬러는 건강한 컬러이다. 긍정적인 배열이라면 건강한 모습입니다.

그러나 먹는 즐거움에서 비롯되는 비만이나 당뇨 식중독, SEX에서 비롯되는 성병 등에 노출될 위험이 있습니다.

건강관리에 소홀한 모습이다. 게으른 편이고 활동력이 부족합니다.

비만이나 당뇨를 조심해야 합니다.

칼은 요리할 때 사용합니다.

식중독에 감염될 수 있으니 위생관리를 철저히 해야 합니다.

성병에 노출될 위험이 있으니 주의할 필요가 있어 보입니다.

노란색 Yellow

Light Yellow   Yellow   DarkYellow

 키워드

지혜, 남성적, 진취적, 영감, 권위, 본능,
지성(지적 욕구 강함), 질투, 싫증, 배신, 현실적(계산적),
따지기 좋아함, 두뇌 명석

Yellow 컬러의 특성

어린 아이의 색

Yellow 컬러는 특히 어린이에게 시각적으로 매력적인 밝고 생생한 색상이다. 그것은 그들의 관심을 끌고 그들의 의상을 밝고 장난스럽게 보이게 할 수 있습니다.

Yellow 컬러는 일반적으로 행복과 기쁨과 관련이 있는데 아이들에게 Yellow 컬러 옷을 입히는 것은 장난스럽고 활기찬 성격을 반영하여 긍정적이고 쾌활한 분위기를 불러일으킬 수 있습니다.

그리고 무엇보다 Yellow 컬러는 특히 실외 환경에서 눈에 잘 띄는 색상입니다. 어린이가 노란색 옷을 입으면 부모, 보호자 또는 교사가 더 쉽게 발견하여 안전을 높이고 사고 위험을 줄일 수 있습니다.

그런 이유로 유치원 아이들의 옷, 가방, 아이들의 통학버스는 Yellow 컬러이 상징이 되었습니다.

또한 일부 아시아 문화권에서 Yellow 컬러는 행운과 번영과 관련이 있는데 아이들의 미래가 밝다는 바램이기도 합니다.

지식과 지혜의 색

문화와 역사적 맥락에 따라 다를 수 있지만 노란색은 지성, 지식 및 생각의 명확성과 같은 속성을 지니고 있습니다.

Yellow 컬러는 밝고 눈에 잘 띄는 색상으로 주의를 끌고 정신적 경계를 자극합니다. 그것의 활기찬 성격은 정신적 기민함을 자극하고 집중력을 향상시켜 명확하고 합리적인 사고의 아이디어에 기여합니다. Yellow 컬러는 정신적 명확성 및 객관성과 인지된 연결로 인해 분석적 사고 및 논리적 추론과 관련이 있다. 비판적 사고와 문제 해결 능력을 향상시키기도 합니다.

Yellow 컬러는 지혜의 색 또는 지혜의 호기심의 색이기도 합니다.

Yellow는 빛의 색으로 흰색에 가까운데 '빛'과 '가벼움'은 특성상 동일한 성격을 띠며 '빛의 색'은 의미가 전이되면서 '깨달음의 색'이 되었습니다.

고대 유럽의 상징학에서도 Yellow 컬러는 이성의 색이었으며 이슬람 세계에서는 황금빛 Yellow가 지혜의 색입니다.

☑ 풍요로움의 색

사무실이나 사업을 개업하면 Yellow 컬러 해바라기 그림이나 밀 그림을 선물하곤 합니다.

Yellow 컬러는 잘 익은 작물의 색과 햇볕의 따뜻함을 연상시키는데 과일과 작물이 풍부하고 땅이 비옥한 수확기와 관련이 있습니다.

또한 아름답고 값진 것을 말할 때 황금 들판, 황금 이삭, 황금빛 과실로 표현하고 값어치가 있는 땅을 노른자 땅으로 부르는 등 풍요와 부의 색이라 할 수 있습니다.

이러한 Yellow 컬러의 특성은 사랑이든 우정이든 사업이든 어떠한 상황에서도 돈의 가치를 우선시하는 경제적 관념에서 바라보는 특징이 있습니다.

☑ 현실과 미래의 색

분석적 사고 및 논리적 특성을 지닌 Yellow 컬러는 현실적인 상황을 나타냅니다.

막연한 기대감이나 상상이 아닌 현실적인 상황으로 생각하고 판단할 것을 이야기합니다.

새로운 생각과 다양한 방법 그리고 창의력으로 실용 가능성을 우선적으로 고려하는 실용적인 생각을 나타냅니다. 또한 이성적으로 판단해 보았을 때 현실적으로 괜찮은지 아니면 반대로 현실적으로 어려운지 판단할 수 있습니다. 보통의 현실적인 문제들은 어떠한 노력이나 기대만으로 극복하기 어려운 문제들을 말합니다.

Yellow 컬러는 미래에 대한 희망과 기대감의 컬러이기도 합니다.

봄에 피는 대표적인 꽃인 Yellow 컬러의 개나리는 희망, 기대, 달성이라는 꽃말을 지니고 있습니다.

가장 밝은 컬러인 Yellow 컬러는 어떠한 경우 미래가 그만큼 밝아질 수 있다는 뜻이기도 합니다.

☑ 집중과 질투의 색

Yellow 컬러는 가장 밝은 컬러인 만큼 가장 눈에 띄는 컬러이면서 사람들의 시선을 집중시킵니다.

Yellow 컬러는 공부방이나 작업실 같은 집중력을 필요로 하는 공간에 어울립니다. 집중력이 부족한 아이들에게 책상이나 옷 가방 등에 활용할 수 있는데 너무 Yellow 컬러만 사용할 경우 밝은 만큼 눈에 거슬리는 색이기도 하고 쉽게 변질되는 만큼 쉽게 싫증을 느끼게 되기도 합니다. 그래서 Yellow 컬러만 사용하기보다는 Yellow 컬러이 적절히 섞여있는 Green 같은 색을 같이 사용하는 것이 좋습니다.

Yellow 컬러는 가장 주목받기를 원하기에 더 밝은 것을 용납하지 않습니다. 가장 빛나기를 바라는 Yellow 컬러는 질투의 또 다른 이름이라 할 수 있습니다. 만약 어떤 사람이 나보다 주목받는다거나 나보다 똑똑하다면 노란색은 질투심에 잠을 이루지 못할 수도 있습니다.

Yellow 컬러는 주의를 기울여야 할 필요성을 나타내는데 일반적으로 교통 신호, 유해 물질, 위험 표지판 및 안전 예방 조치와 같은 상황에서 경고 표지판 및 신호와 관련이 있습니다.

Yellow 컬러는 검은색이나 어두운 상황에서 특히나 눈에 잘 띄는데 이는 흐린 날이나 밤에도 쉽게 눈에 띌 수 있는 특성이 있기에 주의나 경고를 나타내기에 적합한 색입니다.

도로 시스템에서 Yellow 컬러 경고 표지판은 커브, 미끄러운 도로, 횡단보도 또는 건설 구역과 같은 전방의 잠재적 위험에 대해 운전자에게 경고하는 데 자주 사용되는데 주의해서 진행하고 잠재적인 위험에 대비하라는 표시 역할을 합니다.

Yellow 컬러 라벨 또는 기호는 잠재적인 위험이나 위험이 있는 물질 또는 물질을 식별하는 데 사용할 수 있는데 이러한 경고는 개인이 유해 물질을 주의해서 인식하고 취급하는 데 도움이 되며, 관련 위험과 필요한 예방 조치를 인식할 수 있도록 합니다.

☑ 모순의 색

Yellow 컬러는 가장 밝은색이면서 가장 쉽게 변질되는 특성을 지니고 있습니다.

스위스의 화가 요하네스 이텐(Johannes Itten)은 쉽사리 변질되는 노랑의 특성을 "이 세상의 진리가 하나뿐이듯이 노랑도 하나뿐이다. 칙칙하게 변질된 진리는 병든 진리이며 더 이상 진리가 아니다. 그래서 칙칙한 노랑은 시기, 배신, 거짓, 의심, 불신, 광기의 표현이 되는 것이다"라고 표현했다. 또한 요한 볼프강 폰 괴테(Johann Wolfgang von Goethe)는 노란색을 "밝음",

"빛", "쾌활함"의 색으로 묘사했으나 노란색이 특정 조합이나 조명 조건에서 보일 때 인간의 인식에 "왜곡"되거나 왜곡 된 효과를 줄 수 있다고 지적했습니다. 그는 노란색이 파란색이나 희미한 조명에 근접하여 보일 때 녹색을 띠거나 병약하게 보일 수 있다고 주장했는데 이 현상을 "변태 황색(Perverted Yellow)"이라고도 했습니다.

☑ 배신과 배반의 색

가롯 유다의 배신은 최후의 만찬과 예수 그리스도의 십자가에 못 박히는 사건에 대한 전통적인 예술적 묘사에 뿌리를 두고 있습니다.

기독교 전통에서 가롯 유다는 예수의 열두 제자 중 한 명으로 은 삼십 닢을 받고 예수를 키스로 식별하여 당국에 배신합니다. 일부 해석은 이 사건을 질투심 많은 형제들에 의해 노예로 팔렸고 그의 외투가 종종 Yellow 컬러로 묘사된 요셉의 성경 이야기와 연결하기도 합니다.

르네상스와 그 이후의 예술적 시대에는 색 상징주의가 종교 예술에서 중요한 역할을 했는데 배신, 이중성, 질투와 관련된 색인 Yellow 컬러는 유다의 배신행위를 상징하기 위해 일부 예술가들에 의해 선택되었고 사람들은 이러한 영향으로 Yellow 컬러를 배신의 색으로 인식하기 시작하였습니다.

가장 쉽게 변질되는 특성을 지닌 노란색은 자신의 이익을 위해서는 가장 쉽게 배신하는 색이기도 합니다.

☑ 창녀와 멸시의 색

중세에는 노랑이 멸시받는 자의 색이었습니다.

1445년 함부르크(Hamburg) 복식 규정에 따르면, 창녀들은 머리에 노란 수건을 썼다. 1506년 라이프치히 법은 창녀들에게 노란 망토를 입을 것을 명했고, 또한 이탈리아 메란(Meran)의 창녀들은 노란 구두끈을 사용했습니다.

독일의 남부 프라이부르크(Freiburg)에서는 미혼모들에게 노란 모자를 쓰도록 강요했습니다. 이교도들에게도 처형장에서 Yellow 십자가를 목에 걸어주었습니다. 빚을 진 채무자들은 노란 원을 옷에 달고 다녀야 했습니다.

특히 홀로코스트 기간 동안 나치는 나치 점령 지역의 유대인들에게 Yellow 컬러인 유대인 배지 또는 유대인 별이라고 하는 식별 배지를 착용하도록 강요했습니다.

☑ 노란 리본

무사 귀환을 바라는 상징으로 노란 리본을 달았는데 1979년부터 1981년까지 지속된 이란 인질 위기 동안 52명의 미국 외교관과 시민이 테헤란 주재 미국 대사관에서 이란 무장세력에 의해 포로로 잡혔다. 인질과 그 가족에 대한 연대를 표현하는 방법으로 미국의 많은 사람들은 나무, 가로등 기둥 및 기타 물건 주위에 노란 리본을 묶어 그들의 안전한 귀환에 대한 지원과 희망의 가시적인 표시로 묶었습니다.

노란 리본은 어렵고 불확실한 시기에 인질과 그 가족에 대한 애국심과 공감의 집단적 표시를 나타냈는데 이 캠페인은 광범위한 언론의 주목을 받았고 위기의 영향을 받은 사람들을 위한 국가 통합과 지원의 상징이 되었습니다.

미국에서 감옥생활을 마치고 남편이 돌아오길 바라는 아내가 동네 나무들에 온통 노란 리본을 건 사건을 주제로 만든 노래 'Tie a Yellow Ribbon Round the Ole Oak Tree'도 유명합니다. 한국에서는 세월호 침몰 사건 때 한 대학 동아리는 그들의 무사 귀환을 바라는 의미에서 최초로 카카오

톡용 노란 리본 이미지를 디자인하기도 했으며 많은 사람들이 노란 리본을 달기도 했습니다. 지금처럼 인터넷상에서 노란 리본이 등장한 건 베트남전으로 포로가 되거나 행방불명이 된 사람들을 찾기 위한 캠페인으로 노란 리본을 사용하게 되면서부터라고 알려져 있으며 호주에서는 '항의'를 표시하기 위해 사용되기도 했습니다. 필리핀에서는 1983년 페르디난드 마르코스(Ferdinand Marcos) 대통령이 이끄는 권위주의 정권에 대한 저명한 비평가였던 야당 지도자 베니그노 아키노 주니어(Benigno Aquino Jr.)라는 정치인이 돌아오는 것을 환영하는 의미에서 노란 리본을 곳곳에 달았던 적이 있습니다. 불행하게도 그는 마닐라 공항에 도착하자마자 암살을 당해 노란 물결을 볼 수 없었습니다. 말레이시아에서는 '언론의 자유'를, 싱가포르에서는 출소자의 가정 복원 사업을 위해 노란 리본 캠페인을 하기도 했습니다.

Yellow 컬러의 성격

- 지적인 모험가로 늘 새로운 것을 찾아내어 자기실현을 추구합니다.
- 태양처럼 밝고 개성 넘치는 사람입니다.
- 상업적으로 두뇌가 발달해 있어 기업 경영에도 뛰어납니다.
- 자유로운 사고방식이나 행동을 취합니다.
- 어린이처럼 천진난만한 성격이기도 합니다.
- 창의적인 사람으로 새로운 아이디어 창구입니다.
- 완벽주의자로 따지기를 잘하며 지적질도 잘합니다.
- 항상 모든 것에 분석하기를 좋아하며 체계화 시킵니다.
- 육체적인 것보다는 정신적인 도전을 좋아합니다.
- 고집스러운 면도 있으며 충동적인 면이 있을 수도 있습니다.
- 행복 전달자로 다른 사람에게 용기와 즐거움을 줍니다.
- 계산적이고 집착도 심해 주위 사람들을 피곤하게 하기도 합니다.
- 충동적인 면이 있지만 집중력이 뛰어납니다.
- 금방 싫증을 느낍니다.
- 사교적이며 유머, 센스도 있습니다.
- 현실적인 성향으로 외모보다는 능력을 많이 보는 타입입니다.

◉ Yellow 컬러의 연애운

Yellow 컬러를 통하여 현실의 상황과 미래의 상황을 예측할 수 있습니다. Yellow 컬러는 가장 밝은색의 범주에 들어가 있는 색으로서 밝은 연애의 상황을 말해주지만 가장 때가 타기 쉬운 색으로서 쉽게 변질되고 탁한 상황으로 나타나기도 합니다.

그래서 컬러톤이나 같이 배열되는 유니버셜 웨이트타로에 따라서 해석이 달라지므로 해석에 유의할 필요가 있습니다.

긍정적인 유리버셜 웨이트타로와 light Yellow나 Yellow가 나왔다면 지금의 상황이 매우 밝고 좋다는 것을 나타냅니다. 정신적으로 편안하며 경제적으로도 안정되어 있습니다. 주위 사람들에게도 축복받고 있으며 매우 행복한 연애를 하고 있습니다. 두 사람의 미래가 밝을 것이라는 기대감에 차 있으며 자신감도 넘칩니다.

긍정적인 유니버설 타로와 다크 엘로우가 나왔습니다. dark Yellow는 긍정적인 엘로우에 어두운 것이 끼였다는 것이므로 지금의 상황이 좋지만은 않고 현실적으로 어두운 문제에 봉착해 있다는 것입니다. 이 현실적인 문제는 두 사람의 애정 문제라기보다는 주변 상황이나 환경요인 등이 좋지 않다는 것입니다. 하지만 이 카드 배열 뒤에 좋은 배열의 카드들이 온다면 지금의 상황을 극복하고 미래에 좋아질 수 있는 가능성이 있습니다. 미래 자리에 지금의 배열이 나왔다면 가까운 미래는 아니지만 조금 먼 미래에는 좋아집니다.

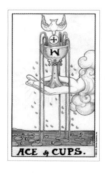

애인을 만날 수 있을까요? 란 질문에서 긍정적인 유니버셜타로와 light Yellow 또는 Yellow 카드가 나왔다면 가까운 미래에 좋은 사람을 만날

수 있습니다. 이 사람은 감성적인 부분보다는 현실적인 능력을 보는 타입으로 본인의 기준에 적합한 상대를 만나게 됩니다. 그동안 상처받았거나 외로웠던 기간에 대한 보상을 받을 시간이 다가왔으며 사랑을 소중히 여기며 서로를 배려하고 존중하며 두 사람의 미래도 밝습니다.

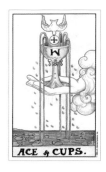 

애인을 만날 수 있을까요?란 질문의 긍정적인 유니버셜 웨이트타로와 dark Yellow가 나왔다면 가까운 미래에는 현실적으로 만나기 힘들다는 것입니다. 이 시기에 무리해서 만남을 시도한다면 인연이 아닌 상대를 만나 배신을 당하고 좋지 않은 결과를 얻을 수 있습니다.

하지만 이 시기를 잘 참고 넘어가면 조금 먼 미래에는 좋은 만남을 가질 수 있습니다.

예를 들어 3개월 안에 애인을 만날 수 있을까요? 이렇게 시기를 특정하고 보았다면 3개월이 끝나갈 즈음이나 3개월이 막 지난 시점에 좋은 상대가 나타날 수 있습니다.

애인과의 연애운에서 이런 부정적인 카드와 light Yellow나 Yellow가
나왔다면 현실적인 이유로 인하여 두 사람이 헤어질 수 있습니다. 그런데
이 헤어짐은 두 사람이 아주 끝나는 상황보다는 장기간 출장을 간다거나
군대에 간다거나 하는 등 현실적으로 어쩔 수 없이 헤어져 있어야 한다는
것입니다. 이 카드 다음에 나오는 카드 배열에 따라 차후에 다시 만날 수
도 있고 아니면 완전히 끝이 날 수도 있습니다.

두 사람 간에 연애운에서 부정적인 카드와 dark Yellow가 나왔다면 헤어
지기 싫지만 헤어져야 하는 현실적인 상황에 부딪힐 수 있습니다. 그런데
그 현실적인 상황에서 dark Yellow는 내가 상대를 배신한다거나 상대가
나를 배신할 수 있다. 이것은 반드시 다른 사람이 생기는 것과는 다를 수

있지만 유니버설 타로가 15번 데빌카드나 2번 고위 여사제 18번 달카드 같은 카드와 나온다면 다른 사람을 만나 헤어지게 되는 상황일 수 있습니다.

 Yellow 컬러의 금전운

유니버설 웨이트타로 3번 여황제 카드는 풍요로움의 카드입니다.

Yellow 컬러도 풍요로움의 카드입니다.

지금 금전적으로 상당히 안정되어 있으며 내가 하고 싶은 것을 맘껏 누리며 편안하게 생활하고 있습니다. 돈 관리에 철저하고 알뜰살뜰하지만, 자신의 욕망을 위해서는 아낌없이 투자합니다.

또한 현재뿐만 아니라 미래의 금전운도 밝아 보입니다.

욕심을 부리면 화를 면하기 어렵습니다.

과거에 투자, 투기, 도박, 같은 일로 지금 고통을 겪고 있을 수 있다. 금전적인 어려움으로 행동에 제약받고 있습니다.

현재 투자나 투기 제안을 받고 있다면 이 제안은 독이 든 사과와 같아서 매우 달콤해 보이지만 받아들이는 순간 쉽게 헤어 나올 수 없는 고통에 처할 수 있습니다.

주위 사람에게 이용당할 수 있으니 이 시기에는 사람을 쉽게 믿지 말고 무엇을 하려 하지도 말고 참고 기다려야 합니다.

매매 결과를 나타내는 자리의 긍정적인 유니버설 웨이트타로와 light Yellow나 Yellow가 나온다면 좋은 가격에 가까운 미래에 매매가 이루어 질 수 있습니다.

매입하는 입장이라면 알자 베기 물건으로서 투자가치가 있고 미래가 밝습니다.

매도하는 입장이라면 현실적으로 좋은 가격에 매매가 이루어집니다.

합격운에서 이런 배열이 나왔다면 합격 가능성이 높습니다.

매매 결과를 나타내는 자리의 긍정적인 유니버설 웨이트타로와 dark Yellow가 나왔다면 지금은 현실적으로 매매가 이루어지기 어렵습니다.

하지만 조금 먼 미래에는 매매 가능성이 있다는 것이다. 예를 들어 3개월 안에 매매가 이루어질까요? 이렇게 시기를 특정하고 질문을 했다면 3개월 끝나는 시기를 전후로 매매가 이루어질 가능성이 큽니다.

합격운에서 이런 배열이 나왔다면 지금의 상황으로 봐서는 합격 가능성이 낮습니다.

아직 시험의 시기가 남아있다면 충분히 노력 여하에 따라 충분히 결과를 바꿀 수도 있는 카드 배열이니 낙남하지 말고 준비할 필요가 있습니다.

이번 시험에서 떨어진다면 다음 시험에는 합격될 가능성이 큽니다.

매매운에서 지금과 같은 카드 배열이 나왔다면 어떻게 해서든 매매를 하고 싶어 합니다.

매매가 성사될 수 있지만 약간의 손해를 보는 거래이다. 조금 더 시간적 여유를 가지고 매매를 한다면 조금 더 좋은 조건에서 매매를 할 수 있습니다.

한편으로 어떤 경우에는 매매 사기를 당할 수 있으니 문제가 없는지 꼼꼼히 살펴보고 계약할 필요가 있습니다.

합격운의 경우 자격증 같은 시험이라면 합격의 가능성이 크다. 다만 대학 시험 같은 거라면 원하는 학교보다 한 단계 낮은 학교에 가야 합니다.

지금처럼 긍정적인 유니버설 웨이트타로와 light Yellow나 Yellow 카드가 나온다면 사업이 잘 진행되고 있음을 나타낸다. 노력하는 만큼 결과를 얻게 되고 미래의 전망도 밝음을 알 수 있습니다.

사업적으로 수완이 좋고 이해타산이 빠르며 현실 대처 능력이 좋습니다. 부정적인 유니버설 웨이트타로와 엘로우 카드가 나온다면 현실적으로 사업이 힘들다는 것입니다.

또 긍정적인 유니버설 웨이트타로와 dark Yellow 카드가 나온다면 그 조합도 현실적으로 힘들다는 것입니다. 그러나 이것은 Red처럼 적자를 본다거나 그런 것은 아니고 조금 힘들게 진행되고 있다는 것입니다.

 **Yellow의 진로 적성**

Yellow는 이성적인 뇌가 발달해 있어 이런 우수한 머리를 활용할 수 있는 전문직에 어울립니다.

- 변호사, 세무사, 회계사, 감정평가사 같은 사자가 붙는 전문 직종, 과학자

 **Yellow의 건강운**

소화기 계통에 특히 위 건강을 조심해야 합니다.

녹색 Green

Light Green

Green

Dark Green

내 마음의 산소호흡기

 키워드

창조, 성장, 도약, 의지, 교육, 생명의 색,
시작, 안정적, 보수적, 고집, 원리원칙, 인간관계,
자연, 조화, 힐링, 우정, 봄

Green 컬러의 특성

☑ 자연의 컬러

많은 사람들이 Green 색을 보면 무엇이 연상되는지 질문하면 자연을 말합니다.

Green은 자연에서 흔히 볼 수 있는 색상으로, 특히 식물과 잎에서 많이 볼 수 있습니다.

이 잎은 엽록소라는 식물 내에서 광합성을 수행하는 역할을 하는 물질을 함유하고 있다. 따라서 녹색은 자연적인 식물 세계와 연관되어 있습니다. 인간의 뇌는 오랜기간 동안 진화와 함께 자연에서 살아왔기 때문에 자연환경과 관련된 색상에 대한 심리적 연결이 형성되어 있습니다. 녹색은 푸른 잔디, 나무, 식물, 산과 같은 자연 요소들을 상기시키는 데 도움을 줍니다. 따라서 녹색은 우리에게 평온함, 안정감, 신선함과 같은 긍정적인 느낌을 전달할 수 있습니다.

인간은 자연에서 많은 혜택을 받고 의존하고 있습니다. 식물은 산소를 생산하고 대기를 정화하는 데 도움을 주며, 자연환경은 우리의 식량과 수질을 제공합니다. 따라서 녹색은 우리에게 생존과 관련된 중요성과 연결된 느낌을 주기도 합니다.

봄에 파릇파릇한 녹색 잎이 자라난다는 건 안정적인 시작을 의미합니다. 하지만 안정적인 시작일 뿐이지 꽃을 피우고 열매를 맺은 결과를 나타내는 건 아닙니다.

Green은 노란색과 파란색이 만나 균형을 이룬 색입니다.

하지만 고대의 색채학에서는 Green을 2차 색이 아닌 일차색으로 분류했는데 이것은 색을 생산방법에 따라 분류하지 않고 심리학적 영향에 따라 나누었기 때문입니다. Green은 우리의 경험과 상징학에서 근원적인 색으로 보기 때문에 심리학적 의미에서는 일차색입니다.

Green은 노랑과 파랑의 영향력을 모두 갖추고 있으며 주가지의 음과 양의 색의 중앙에 위치하는 색입니다.

색채학에서 Green은 빨강의 보색이지만 상징학에서는 빨강과 파랑은 대립됩니다. 빨강은 가깝고 파랑은 멀지만 녹색은 가운데에 위치하며 빨강은 뜨겁고 파랑은 차가우며 녹색은 적당한 온도를 나타내고 빨강은 건조하고 파랑은 젖어있으며 녹색은 촉촉합니다. 이렇듯 녹색은 어떤 상황에서도 중심에 위치하며 심리적이나 시각적으로 평형을 이룹니다.

자연환경의 풍부한 녹색은 평온함과 균형감을 만듭니다. 녹색은 인간의 마음을 진정시키고 진정시키는 효과가 있는 것으로 알려져 있으며 균형감각, 평화 및 정서적 안정을 촉진하는 것으로 여겨집니다. 녹색 환경에 있거나 녹색을 보는 것은 스트레스를 줄이고 조화로운 분위기를 조성하는 데 도움이 될 수 있습니다.

이렇듯 녹색은 빨강과 파랑의 대립과 균형을 잘 맞추어 하나로 만드는 색입니다.

그래서 조화를 나타내는 대표적인 색이 되는 것이다. 서로를 이해하고 균형을 맞춰주는 색이라고 할 수 있습니다.

특히 이성과 감정 사이의 균형을 유지 시켜주는 색이라 할 수 있습니다.

☑ 힐링의 색

Green은 자연과 강하게 연관되어 있으며 인간과 자연 또한 강하게 연결되어 있습니다.

바이오필리아 가설(Biophilia Hypothesis)은 인간이 자연과 생물에 대해 선천적으로 친화력을 가지고 있다고 주장합니다. 이 이론에 따르면 녹색과 같은 자연 요소에 대한 노출은 자연과 연결하려는 우리의 타고난 욕구를 충족시켜 웰빙과 치유를 촉진할 수 있습니다.

예전 대부분의 초등학교에는 녹색의 칠판이 있었다. 장기간 사용해도 눈의 피로감을 줄일 수 있는데 사람의 눈으로 보았을 때 가장 편안하고 안락감을 주는 색입니다.

스트레스가 쌓여있을 때 녹색의 자연환경에 가면 스트레스를 완화하는 느낌이 들 것입니다.

녹색은 인간의 마음을 진정시키는 효과가 있는 것으로 알려져 있습니다. 그것은 이완, 조화 및 균형의 느낌과 관련이 있습니다. 녹색의 자연에 둘러싸여 있거나 녹색을 바라보는 것은 스트레스, 불안 및 정신적 피로를 줄이는 데 도움이 될 수 있으며 평온함을 조성하고 긍정적인 분위기를 조성할 수 있습니다.

Green 컬러는 일반적으로 성장, 재생 및 활력과 관련이 있습니다. 이러한 연관성은 긍정적인 심리적 효과를 가져 희망, 낙관주의 및 진보 감각을 키울 수 있으며 그러한 긍정적인 감정과 마음가짐은 보다 긍정적인 시각과 정신 상태를 촉진함으로써 치유 과정을 지원할 수 있습니다.

Green 컬러의 조화롭고 균형 잡힌 성향은 휴식과 전반적으로 웰빙에도 도움이 되고 시각적, 심리적 편안함에 기여할 수 있습니다.

☑ 정직한 색

자연은 늘 자연에 순응하며 질서를 지키듯 우리 곁에 존재합니다.

봄이 되면 싹이 트고 가을이 되면 꽃이 피고 꽃이 지면 열매가 맺어지는 것이 자연의 이치입니다.

열매가 맺어지고 새싹이 나올 수는 없다. 봄여름 가을 겨울 늘 순리대로 움직입니다.

이렇듯 자연은 역행하지 않으며 자신의 위치에서 묵묵히 존재할 뿐입니다.

결코 자신을 감추려 하지 않으며 자신의 역할에 게을리하지 않습니다.

녹색의 사람들은 원리원칙 적이며 성실합니다.

자신의 역할에 충실하며 앞서가려 욕심을 부리지 않습니다. 사회규범을 잘 지키며 정직하게 살아갑니다. 하지만 너무 맑은 물에는 물고기가 살수 없듯이 이런 정직함으로 인해 사람들과 크고 작은 문제들에 휘말릴 수 있습니다.

☑ 안전의 색

신호등의 초록 불은 차량과 보행자가 안전하게 진행하고 있음을 나타내는 신호입니다. 교통 흐름을 규제하고 도로의 안전을 보장하기 위해 전 세계적으로 사용되는 교통 제어 시스템의 표준화된 구성 요소입니다.

요즘 젊은이들 사이에 '그린 나이트'라는 용어가 있습니다.

원래 뜻은 신호등의 초록색 신호입니다. 이 뜻이 확장되어 영어권에서 '어떤 일을 해도 좋다, 승낙한다'라는 의미로 널리 사용되게 되었습니다. 우리나라에서는 한 TV 연예 프로그램에서 사용되면서 전국적으로 젊은 이들 사이에 유행하게 되었습니다. '상대방이 자신에게 호감이 있는 것이 맞으니 대시해도 된다', '이성으로서 호감이 있다', '썸을 타고 있다' 등으로 사용되고 있습니다.

살아가면서 뭔가 긍정적인 일이 생기면 청신호라고 그러는데 연애 쪽에서의 청신호라고 할 수 있습니다.

☑ 광기의 색

13세기 Green은 젊음의 색으로 인식되었는데 방탕한 바람둥이나 무질서함을 뜻하며 광기의 색이 되었습니다.

1962년 작 영화 "인크레더블 헐크"에서 슈퍼히어로인 헐크는 엄청난 힘을 가진 크고 녹색 피부를 가진 캐릭터입니다. 감마 폭탄을 제작하던 브루스 배너 박사가 감마 폭탄 제작 과정의 폭발 사고로 인해 감마선에 노출되어 그 영향으로 분노하면 괴력의 녹색 거인으로 변신하는 능력을 지니게 되어 이 변신한 모습은 '헐크'라고 불리게 되었습니다.

또한 엄청나게 못생겼으나 귀여운 괴물 '슈렉'도 녹색이었으며 영화 속의 '조커'도 녹색 머리를 하였습니다. 영화 '마스크'에서는 마스크를 쓰면 초인적인 힘을 가진 녹색의 불사신이 됩니다.

이렇듯 녹색은 괴물의 색 광기의 색으로 여겨지기도 했었는데 18세기 무렵 뉴턴의 스펙트럼이 발견되며 여러 색들의 중간에 위치하여 극단의 색상(예: 밝은 빨간색 또는 진한 파란색)을 보완하며 균형을 잡는 색으로써 인식되었습니다.

☑ 인간관계의 색

Green은 음과 양의 색이 서로 조화롭게 어울리며 이루고 균형을 이룬 색입니다.

그래서 조화를 나타내는 대표적인 색이 되는 것입니다.

다양한 사람들이 조화롭게 어울리는 것과 같습니다. 특히 이성과 감정 사이의 균형을 유지시켜주는 색이라 할 수 있습니다.

인간관계에 있어서도 이기적이지 않으며 사회구성원들과 잘 어울리는 색입니다.

어느 곳에서든 어떤 사람들과 함께하든 잘 공동체의 구성원으로서 어울리며 대처합니다.

또한 이색은 연인보다는 우정에 어울리는 색입니다. 자연 속에서 인간이 편안함을 느끼듯 이색은 편안한 관계의 컬러라 할 수 있습니다.

또 이 색은 다산의 상징성을 가지고 있습니다. 그린의 대표적인 동물로 개구리가 있는데 개구리는 엄청나게 많은 알을 낳습니다. 그런 이유로 이 색은 다산의 색이 되는 것입니다.

그리고 성장을 나타내는 색으로써 인간을 성장시키는 교육의 색이기도 합니다.

Green 컬러의 성격

⊘ 관찰하는 것을 좋아하며 이야기를 잘 들어 줍니다.

⊘ 옳고 그름에 대한 명확성을 가지고 있습니다.

⊘ 보수적이며 정직하고 성실한 사람입니다.

⊘ 자연을 사랑하는 사람입니다.

⊘ 가족과 친구 인간관계를 중요시하게 생각합니다.

⊘ 모범적인 시민으로서 주위의 평판이 좋고 사회의 기둥이라 할 수 있습니다.

⊘ 기품 있고 관대하며 편견을 가지고 있지 않습니다.

⊘ 사교적이긴 하나 도시보다는 시골의 조용함과 평화로움을 더 사랑합니다.

⊘ 역경을 이겨내는 인내심과 참을성이 있습니다.

⊘ 자연이나 동물을 좋아하며 인심이 좋은 사람입니다.

⊘ 나서는 것을 별로 좋아하지 않으며 겸손한 사람입니다.

⊘ 예의가 바르며 세련된 취미를 가지고 있습니다.

⊘ 젊음의 색으로 항상 젊게 살고자 합니다.

⊘ 남들에게 이용당하기 쉬운 사람입니다.

⊘ 이 색이 너무 강할 때는 소유욕이 강하고 물질만능주의적 성향이 나올 수도 있습니다.

⊘ 다소 재미가 없을 수 있습니다.

⊘ 인간관계에 있어서는 우유부단한 면이 있습니다.

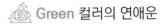 Green 컬러의 연애운

연애운에서 긍정적인 유니버설 타로랑 light Green이나 Green이 나왔다면 지금 두 사람은 서로를 잘 이해하며 서로를 위해 적당히 양보하고 배려하며 조화롭게 잘 만나고 있습니다.

두 사람은 편안한 마음으로 서로의 관계를 발전시키기 위해 노력하고 있습니다.

이 카드 배열 뒤에 안 좋은 배열의 카드들이 나온다면 아직까지 애인보다는 친구 같은 만남일 수 있습니다. 조금 더 관계를 발전시켜 나갈 필요가 있습니다. 너무 정직한 보수적인 연애가 상대를 답답하게 하고 힘들게 할 수 있습니다.

긍정적인 유니버설 타로와 Dark Green이 나온다면 조화로움에 어두움이 끼어있는 것이니 조화롭지 못하고 균형이 깨져있다는 것입니다. 어느 한쪽이 고집쟁이일 수 있고 서로 대화가 잘 통하지 않습니다.

보통 만난 지 얼마 안 된 관계일 때 이런 배열이 등장하는데 시간이 지나면 두 사람은 좋아질 가능성이 있습니다.

서로의 성향이 다를 때 어떠한 상황을 두고 두 사람이 대립될 때 이런 배열이 등장합니다.

그러나 이것은 레드처럼 극단적인 상황으로 이어지는 대립하고는 좀 다른 것입니다.

애인을 만날 수 있을까요?라는 질문에서 현재 자리에 지금과 같은 배열이 나오고 미래 자리에 만나지 못하는 부정적인 카드 배열이 나온다면 지금 현재 친구와 어울리는 것이 좋기 때문에 애인에 대한 필요성을 못 느끼고 있는 것입니다. 애인을 만나고 싶어야 만날 기회가 주어지는 것인데 그럴 마음이 부족하다 보니 만날 기회도 적고 누군가 접근해 오더라도 쉽게 받아들이지 못하는 것입니다.

애인을 만날 수 있을까요?의 질문에서 결과 자리에 지금과 같은 배열이 나온다면 친구를 통하여 애인을 만날 수 있습니다. 친구들 중에서 사귀게 될 수도 있고 친구가 소개를 해줄 수도 있으며 친구들과 술을 마신다거나 같이 어울리는 중에 만남이 이루어질 수 있습니다.

이렇듯 타로는 같은 배열이라도 그 자리가 어디에 나오느냐에 따라서 해석이 완전히 달라질 수 있으니 항상 자리에 맞는 해석에 신경 쓸 필요가 있습니다.

금전운에서 긍정적인 카드와 light Green이나 Green이라면 상황에 맞게 금전관리를 잘하고 있으며 성실하게 노력하고 있는 것입니다.

대부분의 경우에서 Green은 봄에 떡잎 좋은 새싹이 자라나는 것처럼 안정적으로 금전 활동이 시작되었다는 것입니다. 그렇지만 생각해 봐야 할 것은 새싹을 피웠을 뿐이지 꽃이나 열매를 맺지는 않았다는 것입니다. 결과물을 얻기 위해서는 새싹이 잘 자라날 수 있도록 꾸준히 관리하고 노력해 나가야 한다는 것입니다. 동업을 하는 것도 좋으며 거래처나 손님들과의 유대관계도 좋은 상태입니다.

지금과 같이 dark Green이 나왔다면 안정적이지 않은 금전 상태를 나타냅니다. 그렇지만 레드처럼 적자는 아닙니다.

지금 무엇을 시작하기에는 안정적이지 않습니다. 그렇지만 조금 더 시간을 두고 준비하면 안정적으로 변할 수 있습니다. 지금 시작하지 말고 조금 시간이 지나면 안정적으로 될 수 있으니 그때 시작하는 게 좋습니다.

👁 Green 컬러의 매매운, 합격운

매매운에서 긍정적인 유니버설 타로와 light Green이나 Green이라면 매매하는 당사자들 간에 조화를 이루는 컬러로서 원하는 가격에 안정적으로 매매가 이루어질 수 있습니다.

이 매매는 서로에게 만족스러우며 큰 어려움 없이 진행될 수 있습니다.

합격운이라면 노력만큼의 결과를 얻는 카드로서 합격의 가능성이 크고 안정적으로 새 출발을 할 수 있습니다.

매매운에서 지금처럼 dark Green이 나온다면 서로 간에 조화를 이루지 못하는 카드로서 팔려고 하는 사람과 사려고 하는 사람이 원하는 가격에 차이가 있으므로 쉽게 매매가 이루어지지 않습니다.

지금 매매하기에는 상황이 좋지는 않습니다.

빠른 시간 안에 매매를 하고 싶다면 조금 양보해야 할 필요가 있어 보입니다. 원하는 금액에 매매하기 위해서는 상황이 좋아질 때까지 기다릴 필요가 있습니다.

합격운이라면 합격기준에 약간 부족한 듯합니다. 노력에 비해 좋은 성과를 거두기 어려운 상태지만 지금까지 해 온 것보다 조금만 더 노력한다면 합격으로 운명을 바꿀 수 있습니다.

과목들 간의 격차가 큽니다. 부족한 과목에 집중하여 점수를 끌어올릴 필요가 있습니다.

🔮 Green의 사업운

사업운의 긍정적인 유니버설 타로와 light Green이나 Green이라면 안정적으로 편안하게 사업이 진행되고 있다는 것입니다.

거래처와의 관계도 좋으며 노력한 만큼 좋은 결실을 얻고 있습니다. 동업을 하는 것도 좋으며 직원들과도 좋은 인간관계를 형성하고 있습니다.

이 카드는 보통은 사업이 막 시작되었을 때 등장하며 사업을 할 수 있을까요?란 질문이라면 안정적으로 편안하게 시작할 수 있으니 해도 좋을 것같습니다.

🔮 Green 컬러의 진로 적성

진로 적성에서 이 색은 교육과 연관된 직종이나 자연 또는 인간관계와 관련이 있습니다.

• 선생님, 교수, 강사, 조경사, 농장주, 상담사, 사회복지사, 의사 등

• 호흡기 계통의 건강으로서 폐, 기관지, 감기 등

파랑 Blue

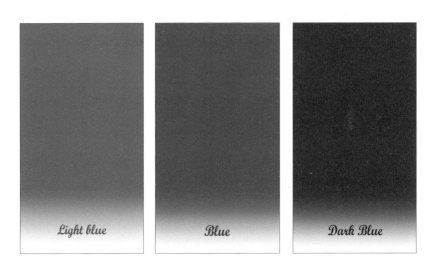

| Light blue | Blue | Dark Blue |

> **냉정한 책임감**

 키워드

자유롭다, 희망, 상상력, 창의력, 보수적, 말 잘한다,
책임감 강함, 외국, 고급스럽다, 자기관리 잘한다,
냉정함, 본인의 의지가 강하다. 이기적

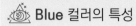 **Blue 컬러의 특성**

☑ 편안함의 색

Blue 컬러는 예나 지금이나 동서양을 불문하고 사람들이 가장 좋아하는 색입니다.

계절도 타지 않으며 어떤 경우에도 잘 어울리는 색입니다.

우리가 살고 있는 지구는 70%가 바다로 되어있습니다. 인간은 물이 없이는 살 수 없으며 파란색은 물의 색이라고 할 수 있습니다. 늘 우리 곁에 있기에 편안함을 느낄 수 있으며 마음을 차분하게 안정시켜 주기에 집안을 꾸밀 때 침실의 색으로 많이 쓰입니다.

파란색은 위협적이지 않고 대립적이지 않은 것으로 인식됩니다. 이러한 특성은 사람들이 다른 사람들을 적대적이지 않고 편안하게 상대할 수 있게 해줍니다.

☑ 자유의 색

Blue 컬러의 잔잔한 바다를 보고 있노라면 마음이 편안해지는 것을 느낄 수 있습니다.

세계의 역사 속에서 파란색은 다양한 혁명 운동의 자유의 상징으로 채택되었습니다. 미국 혁명과 프랑스 혁명 기간에 파란색은 자유와 억압으로부터의 자유를 위한 투쟁을 나타내는 유니폼, 배너 및 상징에 자주 사용되었습니다.

많은 국가의 국기는 종종 자유와 독립을 상징하는 파란색을 두드러지게 사용합니다. 예를 들어, "성조기"로 알려진 미국의 국기에는 흰색 별이 있는 파란색 칸톤이 있어 주의 연합과 자유를 상징한다. 프랑스, 영국, 호주, 이스라엘 등 많은 국가에 국기에서 파란색이 사용되고 있습니다. 파란색은 종종 평화와 평온과 연관되어 있어 갈등과 억압으로부터의 자유에 대한 열망을 표현하는 데 이상적인 색입니다.

☑ 정절의 색

Blue 컬러는 정신을 지배하는 색으로서 단순한 열정이 아닌 차가운 이성과 자유와 영감 그리고 책임감이 있는 색으로서 장기적으로 인정받는 변하지 않는 의지와 강한 정신력을 나타냅니다.

서양 문화에서 파란색은 전통적으로 결혼식 전통에서 정절과 사랑의 상징으로 사용되었습니다.

"파란색"은 결혼에 정절, 사랑, 행운을 가져다준다고 믿고 있습니다.

영국의 故 다이애나는 찰스 왕세자와의 결혼 부케에 파란 물청개 꽃을 사용했습니다. 영국에서 파랑은 정절을 뜻합니다. 영국 왕실은 지금도 다이애나의 정절과 상관없이 다음 신부들을 위해 물청개 꽃을 키우고 있습니다.

파란 꽃들은 주로 정절을 의미하는 꽃말을 지니고 있는데 물망초의 꽃말은 "나를 잊지 마세요", 치커리꽃은 "남자의 정절"을, 인동초는 "오래된 것일수록 사랑스럽다"라는 의미를 지니고 있습니다. 한 남자가 사랑하는 연인을 위해 강가에 피어있는 물망초를 꺾으려다 미끄러지는 사고를 당해 물에 빠지게 되었는데 남자는 죽기 직전 마지막으로 "나를 잊지 마시오"라고 외쳐서 물망초의 전설이 되었다고 합니다. 길가에 핀 파란 치커리꽃은 꼭 다시 돌아오겠다며 길을 떠난 애인을 기다리다 그 자리에서 꽃이 된 여인이라고 전해집니다.

☑ 신뢰의 색

Blue 컬러는 위협적이지 않고 대립적이지 않은 것으로 인식됩니다. 이러한 특성은 적대감을 사라지게 하고 사람들이 다른 사람들을 더 쉽게 신뢰할 수 있게 합니다.

많은 기업의 로고나 브랜드 이미지에 파란색을 사용하는 것을 알 수 있는데 파란색은 명망 있는 기업의 상징적인 색으로 인식되었는데 이 색은 색상과 신뢰를 연결하는 것으로 나타납니다.

또한 파란색은 경찰 제복 및 구급 대원, 기타 공공 서비스 전문가의 제복과 같이 권위와 신뢰의 인물을 나타내는 데 사용되었습니다.

이렇듯 파란색은 안정감과 평온함을 줄 수 있는 차분한 색상으로서 평온함과 평화의 느낌을 불러일으킬 수 있으며 이는 신뢰감에 기여할 수 있습니다.

☑ 고급스런 색

역사적으로 Blue 컬러 안료는 한때 귀하고 생산 비용이 많이 들었기 때문에 파란색 의류와 소재는 사치와 위신의 상징이었습니다.

18세기와 19세기에 합성 청색 안료가 개발되기 전에는 천연 청색 안료가 비싸고 가용성이 제한되었는데 이 색의 원료인 울트라마린은 풍부하고 깊으며 생생한 파란색을 지닌 안료입니다.

"울트라마린"이라는 이름은 "바다 너머"를 의미하는 라틴어 "Ultramarinus"에서 유래되었습니다. 고대에 청금석 색소를 광산에서 유럽으로 운반하는 데 필요한 길고 비싼 여행을 말합니다. "울트라마린"은 시대를 불문하고 가장 값비싼 색인데 오늘날에도 최고의 품질은 kg당 가격이 1,500만 원에 달한다고 합니다. 울트라마린 블루는 유화, 아크릴, 수채화, 심지어

디지털 아트까지 다양한 예술 매체에 여전히 사용되고 있는데 생동감 있고 강렬한 색조를 통해 예술가는 매혹적이고 감정을 불러일으키는 예술 작품을 만들 수 있습니다.

사파이어와 같은 일부 청색 보석은 가치가 높고 고급스러운 것으로 간주되는데 이러한 귀한 보석들은 고급스러운 매력을 더욱 돋보이게 합니다.

역사 속에서 파란색은 왕족 및 귀족과 관련된 색상이었습니다. 군주와 귀족의 의복과 소지품에 사용되어 고급스러운 의미를 더욱 강화했습니다.

이렇듯 현대의 파란색은 안료를 쉽게 얻을 수 있는 인디고의 재배로 인해 대중적인 색으로 자리 잡았지만 전통적으로 파란색은 비싼 색의 상징이었습니다.

☑ 물의 색

물로 이루어진 바다는 우리에게 파란색으로 인식됩니다.

햇빛이 대기를 통과하여 물에 들어갈 때 공기 분자, 물방울 및 기타 물속의 부유 입자와 같은 수많은 입자를 만나는데 이 입자는 햇빛을 모든 방향으로 산란시킵니다. 빨간색은 장파장을 파란색은 짧은 파장을 지니고 있는데 파란색과 같은 짧은 파장의 빛은 물속의 작은 입자에 의해 더 효과적으로 산란됩니다.

이러한 선택적 흡수와 산란의 조합으로 더 짧은 파란색 파장이 우세하게 반사되어 다시 눈으로 돌아오는데 이것이 바다가 인간에게 파랗게 보이는 이유입니다.

Blue 컬러를 타로에서 해석하는 데 있어서 제일 중요한 것은 물의 특성을 이해하는 것입니다.

물은 위에서 아래로 흐르는 특성이 있다. 이것은 어떠한 상황에서 자연스러운 흐름을 의미한다. 억지로 무엇을 시도하는 것이 아닌 자연스럽게 일이 진행되고 흘러갈 수 있다는 것입니다.

'청산유수(靑山流水)'라는 성어가 있는데 이는 '푸른 산과 흐르는 물'이라는 뜻으로, 비유적으로 '말을 거침없이 잘함'을 의미한다. 기본적으로 파란색은 말을 상당히 잘하는 언어의 마술사라 할 수 있지만 가끔 타로에서 파란색은 말로 인한 구설수 같은 문제에 등장합니다.

또한 '물 쓰듯이 펑펑 쓴다'는 말이 있는데 이것은 파란색이 사치의 특성을 지니고 있다는 것입니다.

또한 물은 인간에게 있어서 절대적으로 필요한 원소입니다.

물은 수분을 유지하는 데 필수적이며 적절한 신체 기능을 유지하는 데 필요합니다. 체온 조절을 돕고 소화를 돕고 영양분과 산소를 세포로 운반하는 것을 지원합니다. 또 물은 인체의 모든 세포의 기본 구성 요소로서 영양소 흡수, 폐기물 제거 및 에너지 생산을 포함한 다양한 세포 과정에 관여합니다. 일차 체액인 혈액은 대부분 물로 구성되어 있는데 산소, 영양분, 호르몬 및 기타 필수 물질을 몸 전체로 운반하는 매개체 역할을 합니다. 또한 물은 신장 기능에 중요한 역할을 하며 혈액에서 노폐물과 독소를 여과하여 소변으로 배설하는 데 도움을 줍니다. 이 밖에도 물은 순환, 관절 윤활, 체온 조절, 소화, 뇌 기능 등 많은 역할을 하고 있는데 이런 물의 여러 가지 작용들은 인간이 제 기능을 발휘할 수 있도록 도움을 줍니다.

파란색은 이렇듯 다재다능하고 많은 능력을 지닌 색이라 할 수 있습니다.

🔵 Blue 컬러의 성격

- ⊘ 보수적이며 신뢰가 좋은 사람입니다.
- ⊘ 신중하고 보수적인 신념을 가지고 있습니다.
- ⊘ 진실한 사람으로서 책임감이 강합니다.
- ⊘ 자제심이 강하고 논리적이며 자신감이 있습니다.
- ⊘ 즉흥적이거나 충동적이지 않은 사람입니다.
- ⊘ 참을성도 있고 오기도 있고 맡은 바 임무는 확실히 수행하는 사람입니다.
- ⊘ 뛰어난 경영 능력이 있어 리더로서도 훌륭한 자질을 가지고 있습니다.
- ⊘ 언어능력이 뛰어나고 자기변호도 뛰어납니다.
- ⊘ 행동이나 말보다는 생각이 앞서는 사람입니다.
- ⊘ 다른 사람에게 인정받기 좋아하며 다른 사람을 도와줄 줄 압니다.
- ⊘ 고지식한 면이 있어 융통성이 부족하기도 합니다.
- ⊘ 센티멘털한 면이 있어 슬픈 영화에 눈물을 흘릴 줄도 압니다.
- ⊘ 신경이 예민하여 사소한 일에도 걱정을 많이 합니다.
- ⊘ 인정을 받지 못하면 자기 연민에 빠지기도 합니다.
- ⊘ 남에게 피해를 주지는 않지만, 이기적인 면이 있습니다.
- ⊘ 늘 자신이 옳다고 생각하는 경향이 있습니다.

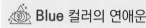

Blue는 책임감이 강하며 믿음직하고 다재다능합니다.

다소 고집스러운 면은 있지만 능력 있고 상대를 위해 헌신할 줄도 압니다.

한 사람을 알면 그 사람만을 바라보며 자연스러운 만남이 이루어집니다.

연애운에서 긍정적인 유니버설 타로와 Light Blue나 Blue 카드가 나왔다면 연애의 상황이 긍정적인 것이다.

사랑에는 두 가지 책임이 따른다고 한다. 첫째는 사랑하는 사람을 책임지는 것이고 두 번째는 그 사람을 사랑하는 나를 책임지는 것이다. 블루는 그 문제에 가장 충실한 컬러이며 상대에 대한 배려심도 있고 서로 대화도 잘 통하고 있으며 마음이 잘 맞는 사람이다.

애인을 만날 수 있을까요?라는 질문이라면 마음먹은 대로 연애운이 진행되며 자연스럽게 만남이 이어질 수 있다. 그동안 사랑으로 인해 상처받았다면 이번 사랑으로 인해 치유받게 될 것이다.

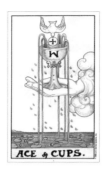

다음과 같이 긍정적인 유니버설 타로와 Dark Blue가 나왔다면 연애 상황이 원활하지 않다. 책임감은 강하지만 이기적인 면이 강하여 상대에 대한 배려심은 부족하고 대화도 잘 통하지 않는다. 마음이 편안하지 않으며 만나는 과정에 많은 어려움이 따르고 연애하는 데 있어서 많은 금전적인 소비를 할 수 있다.

애인을 만날 수 있을까요?란 질문이라면 자연스럽게 만나지는 못한다. 만남에 대한 노력을 하지 않으며 맘에 드는 이성을 만나면 말을 잘 못하거나 너무 말이 많아 말실수를 할 수도 있다. 능력은 있어 보이지만 자기중심적인 사람으로 보여 이성에게 인기를 얻기 힘들다. 애인을 만나기 위해서는 변화가 필요하다.

지금처럼 부정적인 유니버설 타로와 Light Blue나 Blue가 나왔다면 연애 상황이 좋지 못하다.

상대에 대한 믿음이 깨졌으며 상대를 믿기 힘든 상황이다. 다툼 과정에서 상대의 말로 인해 상처를 받았을 수 있으며 정신적으로 많이 힘든 상태이다. 하지만 지금의 문제로 인해 헤어지진 않는다.

애인을 만날 수 있을까요?란 질문이라면 연애를 하고 싶은 마음은 강하나 쉽게 상대를 만나기 어렵다. 여러 가지 면에서 괜찮은 사람이지만 자기중심적인 생각에서 벗어나야 한다.

지금처럼 부정적인 유니버설 타로와 Dark Blue가 나왔다면 연애 상황이 좋지 못하다. 정신적으로 상당히 힘든 상태에 있으며 상대와 대화도 통하지 않는다. 서로 심한 말이 오갔으며 마음이 편안하지 않지만, 이 사랑을 지키고 싶은 마음은 강하다.

애인을 만날 수 있을까요?란 질문이라면 애인을 만나고 싶지만 쉽게 만날 수 없다. 자연스럽게 만남이 이루어지지 않으니 애인을 만나기 위해서는 적극적인 움직임이 필요하다.

금전운에서 긍정적인 유니버설 타로와 Light Blue나 Blue카드가 나왔다면 금전의 상황이 좋습니다. 능력 있는 사람으로서 전문직이나 서비스 업종에 종사할 가능성이 있고 맡은 바 임무에 충실하며 성실하고 돈을 만들어내는 능력이 있습니다. 돈을 버는 것에도 열심이지만 돈을 쓰는 것에도 열심입니다. 자신을 위해 아낌없이 투자하며 사치성이 있을 수 있습니다.

부정적인 유니버설 타로와 Light Blue나 Blue카드가 나왔다면 금전의 상황이 좋지 않습니다.

돈을 벌어야겠다는 마음이 강하지만 생각처럼 쉽게 벌리지 않고 바가지에서 물이 새어 나가듯이 돈이 나가고 있습니다. 돈 버는 것이 내 맘 같지 않습니다. 남들이 볼 때는 괜찮아 보이지만 남모르게 정신적으로 힘든 상태입니다. 간신이 버티고 있지만 상황은 쉽게 나아지기 어려우면 안 되는 것은 포기할 줄도 알아야 합니다. 씀씀이를 줄일 필요가 있습니다.

🔮 Blue 컬러의 매매운, 합격운

매매운에서 긍정적인 유니버설 타로와 Light Blue나 Blue가 나왔다면 매매의 가능성이 높습니다. 자연스럽게 매매가 이루어질 수 있으며 서로에게 만족스러운 결과입니다. 내가 생각하는 대로 매매가 자연스럽게 이루어집니다.

합격운이라면 합격의 가능성이 높습니다. 합격을 위해 성실하게 최선을 다해 노력해 왔으며 좋은 점수로 합격하게 됩니다.

매매운에서 부정적인 유니버설 타로와 Blue가 나왔다면 매매가 이루어지기 힘이 듭니다. 내가 생각한 금액에는 매매가 이루어지기 힘들며 포기하고 싶은 마음입니다.

합격운이라면 합격하고 싶은 마음도 강하고 성실하게 준비해 왔지만 떨어질 것 같다는 생각이 앞서고 자신감이 부족합니다. 그런 부정적인 생각으로 인해 합격이 힘든 상황입니다. 지금의 상황이 이어진다면 다음을 기약해야 할 것 같습니다. 자신감을 가지고 남은 기간 노력한다면 결과를 바꿀 수도 있습니다.

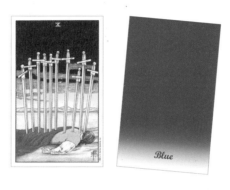

👁 Blue 컬러의 사업운

사업운에서 긍정적인 유니버설 타로와 Light Blue나 Blue 컬러가 나왔다면 지금의 상황이 좋습니다. 직원들, 거래처와 관계도 좋고 서로 협력하여 사업을 완성해 나가고 있습니다. 내가 생각하는 대로 사업이 진행되고 있으며 책임감도 강하고 원하는 결과를 얻기 위해 노력을 게을리하지 않으며 강한 의지와 정신력으로 어떠한 어려움도 극복해 나아갑니다. 큰 문제 없이 사업은 번창해 나갈 것입니다.

사업운에서 부정적인 유니버설 타로와 Blue 컬러가 나왔다면 지금의 상황이 좋지 않습니다.

내 마음처럼 사업이 진행되지 않고 있으며 물리적으로 정신적으로 힘든 상황입니다.

사업이 막혀있으며 더 이상 진행하기 힘든 상황입니다. 이 난관을 극복해 나가려면 지금 당장의 해결책을 모색해야 하며 가까운 곳에서 도움을 받아야 합니다.

Blue 컬러의 진로 적성

Blue는 책임감을 필요로 하는 직업이나 프리랜서 전문직이 어울립니다.
말을 많이 하는 직업도 괜찮습니다.

경찰, 소방관, 의사, 프리랜서 전문직, 상담사, 선생님, 정치인

지금과 같이 나온다면 경찰이나 소방관같은 책임감을 필요로 하는 직업
입니다.

지금과 같이 나온다면 혼자서 능력을 발휘할 수 있는 프리랜서 전문직입
니다.

Blue의 건강은 생식기나 물과 연관이 있고 임신의 상황이라면 유산의 가능성이 있습니다.

• 전립선, 자궁, 익사, 마시는 물 조심, 유산

보통의 유니버셜 카드와 Blue가 나온다면 생식기 건강이나 유산을 조심해야 합니다.

강이나 바다가 있는 유니버셜 카드와 나온다면 익사 사고를, 컵과 나온다면 마시는 물을 조심해야 합니다.

지금과 같은 상황이라면 생식기 그 중에서도 남자라면 전립선 건강을 조심할 필요가 있습니다.

지금과 같이 나온다면 강이나 바다에서 익사 사고를 조심해야 합니다.

남색 Indigo

Light Indigo

Indigo

Dark Indigo

> **오늘도 참는다**

 키워드

통합, 통찰, 분석, 포용, 균형, 야심, 희생,
인내, 냉정, 침착, 우주, 신비로움, 깊은 지식,
영적(정신적), 초능력, 마음고생

Indigo는 인도의 염색 식물이라는 뜻을 가지고 있는데 무지개의 7가지 색상 중 하나인 파란색과 보라색 사이의 색상입니다. 인디고 색은 인디고 페라틴 (Indigofera tinctoria) 및 관련 종에서 유래 되었는데 인디고 색소의 이름을 따서 명명되었습니다. 영어로 남색을 색 이름으로 처음 사용하는 것은 1289년입니다. 이 색을 부르는 명칭은 다양합니다. 천을 쪽으로 물들이면 이 색이 나온다고 하여 쪽색이라고 하기도 합니다. 남藍이 쪽이라는 뜻이기도 하고, 쪽이 천연 색소 중에선 구하기 쉬운 편이기에 예로부터 많이 사용하는 색입니다.

표준어는 '군청색群靑色'입니다. '감청색紺靑色'이라고 부르는 경우도 있지만 비표준어입니다. 곤색이라고도 하는데 이는 일본어 발음입니다. 한편 중국어에서의 쪽색은 파란색에 해당합니다. 감색이라고 하면 감의 색깔로 아는 사람도 가끔 있는데 이는 잘못된 것입니다.

인디고는 세계 어디에서나 잘 자라는데 그것은 수용성이 크다는 것입니다.

☑ 파란색과 보라색의 혼합색

Indigo 작물에서는 보라색 꽃이 핍니다. 독일의 화학자인 아돌프 폰 바이어(Adolf von Baeyer)는 인디고의 화학 구조를 연구한 끝에 1897년에 합성 인디고를 출시했습니다. 인디고 컬러는 파란색과 보라색의 혼합색입니다. 이 색은 파란색의 특성과 보라색의 특성을 동시에 가지고 있으면서도 Indigo 색 고유의 특성을 지니고 있다는 것입니다.

그렇지만 대부분의 경우 인디고 색이라 하면 짙은 파란색을 의미합니다. 파란색은 그 사람의 책임감, 의지 같은 변하지 않는 마음이었다면, 이 색은 그 이상의 깊은 내면의 세계를 나타내고 있는 것입니다.

☑ 인내와 희생의 색

2023년 2월 '튀르키예(Türkiye)'에서 지진이 발생한 직후 생존자를 찾던 한 구조팀은 폐허가 된 흙더미 속에서 웅크리고 있는 한 여성을 발견했습니다. 그 여성은 기도를 드리는 듯한 무릎을 꿇고, 상체는 앞으로 기울인 조금은 이상한 자세로 발견되었는데 집이 붕괴하면서 그 무게로 인해 그녀의 목과 허리는 골절이 되었습니다. 구조 팀이 힘겹게 손을 흙 속에 넣어 그녀의 생존 여부를 확인했지만 안타깝게도 숨진 상태였습니다. 구조팀은 그 여성을 포기하고 급히 다른 생존자 탐색에 나서는 순간 좀 이상함을 느꼈던 팀장이 무릎을 꿇어 웅크린 채 굳어있는 그녀의 팔 아래 공간을 확인하기 시작했습니다. 그런데 그곳에서 꽃무늬 담요로 둘러싸인 3개월 된 아기를 발견하였습니다. 그 어머니는 집이 붕괴하는 급박한 순간에도 아기를 보호하기 위해 몸을 웅크려 아기를 지킨 것이었습니다. 아기는 그 당시 잠들어 있었고, 의료팀이 아기의 상태를 확인하기 위해 담요를 펴자, 그 속에서 휴대전화기가 나왔고 거기에는 문자로 글이 쓰여 있었는데, "아가야! 만약 네가 생존하거든 엄마가 너를 정말 사랑한다는 것을 기억해야 한다."

Indigo 색은 어머니의 사랑과 같은 컬러입니다. 어머니는 아이를 가지는 순간부터 자식을 위해 한없이 넓은 마음으로 품어주고 희생을 합니다. 자신의 모든 것을 다 주어도 아까워하지 않습니다.

Indigo 색은 어머니의 사랑처럼 모든 것을 품어주고 헌신하는 인내와 희생의 색입니다.

☑ 초능력의 색

뉴에이지 작가 Lee Carroll은 1999년 그의 저서 "The Indigo Children: The New Kids Have Arrived"에서 주의력 행동결핍장애 (ADHD) 아이들로 오인받는 아이들 중에 세상을 보는 다른 눈을 가지고 뛰어난 능력을 가진 아이들이 있는데 그런 아이들 중에 장애가 아니라 특별한 재능이 있고 그에 에너지를 쏟기 때문에 다른 곳에는 능력을 발휘하거나 집중력을 발휘하지 않는 아이들이 있다고 합니다.

인디고 아이들은 독특한 심리적, 영적 특성을 지닌 고도로 진화된 존재의 세대라고 믿어집니다. 그들은 더 높은 수준의 의식을 나타내는 것으로 여겨지는 남색의 기운을 가진 것으로 묘사됩니다.

'나무위키'에서는 인디고 아이들에 대해 다음과 같이 정의하고 있습니다.

'Indigo children'이란 이 아이들의 주위에 진한 남색(Indigo) 기운이 감돈다는 데서 나온 별명이다.

인디고란 단어는 미국의 정신과 의사 R. 시글이 연구한 나바호 인디언 부족 특유의 태어나면서 신기를 가지고 태어나는 아이들을 일컫는 말에서 전해졌다. 하지만 시간이 지나며 이러한 현상이 나바호 부족뿐 아니라 전 세계에 있는 여러 아이들에게도 나타난다는 사실을 알게 된 그는 아이들의 성격적 특징과 공통점 등을 상세히 정의하여 그때까지 정신 의학에 의해 단순 아동 정신병으로 여겨진 여러 증상들이 일부 아이들에게는 정신병이 아님을 주장하게 되었다. Indigo child가 다른 아이들과 다른 점 중 가장 두드러지게 나타나는 현상은 학교에서 보통 아이들처럼 교사의 말에 집중하지 못하는 현상으로 알려졌다. 그들은 자신이 왜 공부를 해야 하는지를 이해하지 못하며 자칫 잘못하면 학교에서 왕따의 피해자가 될 확률도 높다. 이러한 특징은 인류의 삶을 크게 개선한 발명가 에디슨에게서 두드러지게 나타났으며, 집중을 못하는 아이들은 매번 음악이나 미술 등 어느 지정된 분야에 유독 특출난 천재성을 보인다.

2009년 TV프로 '서프라이즈'에서 '인디고 아이들'에 대한 내용이 방영되며 큰 화제를 불러일으킨 적이 있습니다.
2003년 러시아의 프라우다지는 자신의 전생이 화성인이었다고 주장해 화제가 된 러시아 볼고그라드에 사는 인디고 소년 보리스카를 취재해 화제가 됐습니다.
1996년 1월 11일 러시아의 볼즈흐스키 지방에 있는 작은 마을에서 태어난 보리스카는 말을 하기 시작할 무렵 아무도 그렇게 말을 하라고 가르쳐주지 않았는데 스님들처럼 연화좌(蓮花座)로 앉아 말을 했습니다.
전생에 키가 7m가 넘는 화성인이었다고 주장한 보리스카는 태어나자마자 성인과 같은 표정을 하고 다른 아기들과는 달리 거의 울지 않고 질병도 앓지 않았으며 생후 8개월 때부터 말을 하기 시작해 주변 사람들을 놀라게 했습니다.
보리스카의 부모는 아이가 2살이 되면서부터 사람들의 몸에서 발산되는 영적 기운을 그렸고 3살이 되기 전에 벌써 우주에 관해 설명하기 시작했다고 말했습니다. 태양계에 행성이 몇 개 있고 각 행성들에는 어떤 위성들이 있으며 우주의 은하계 사진을 보며 이름들을 말해주고 그 같은 은하계가 우주에 몇 개가 있는지 설명하였는데 아이가 설명한 내용을 확인해본 결과 모두 일치하는 것이 확인돼 보리스카는 볼고그라드의 작은 마을 볼즈흐스키에서 유명인이 됐습니다.

보리스카는 8살 때에는 러시아에서 발생한 체첸 반군의 '베슬란학교 인질사건'을 예언해서 주위를 놀라게 했습니다.

보리스카는 2004년도에 체첸 반군의 '베슬란학교 인질사건'이 발생해서 400명이 넘는 사람들이 죽고 다치는 대형 참사를 얘기했는데 보리스카가 말했던 데로 2004년도에 실제로 '베슬란학교 인질사건'이 일어났고 400명이 사람들이 사망하고 1,000명의 부상자가 발생해서 보리스카의 예언이 그대로 적중되었습니다.

보리스카는 미래에 지구는 여러 번에 걸쳐서 큰 위기를 겪게 된다고 예언했습니다.

미래에 지구는 대규모 지각변동과 대재앙이 일어나서 많은 지구인들이 죽고 희생당한다고 주장하며 그렇지만 큰 위기 상황에서 자신과 같은 특별한 존재들이 나타나서 큰 도움을 주게 될 것이라고 말했습니다.

보리스카가 말한 특별한 존재는 바로 '인디고 아이들'로서, 앞으로 지구에 인디고 아이들이 많이 태어날 것이며, 인디고 아이들은 우주에 관한 특별한 지식을 갖고 있으며, 그들은 지구를 구하기 위해서 외계로부터 환생한 소년들이라고 합니다.

보리스카가 언급한 인디고 아이들은 세계의 몇몇 지역에서 발견되고 있다고 하는데 러시아 과학원에서 오라체 검사를 받고 보통 사람에 비해 오라체가 오랜지색 스펙트럼을 띤 상당히 강렬한 반응을 보인 보리스카는 과학원 연구를 통해 지난 20여년간 지구 전역에서 태어난 기이한 능력을 가진 인디고 아이들 중 한 명임이 확인됐습니다. 아이를 연구한 과학원의 블라디슬라브 루고벤코 박사는 거의 모든 인디고 아이들이 보통 인간들과 다른 구조의 DNA를 가지고 있고 면역력이 상당히 강해 에이즈균에도 감염되지 않는다고 설명하며 이 같은 아이들을 중국과 인도, 베트남 등에서 직접 만났음을 상기했는데 그는 인디고 아이들이 미래 인류의 운명을 좌우할 것이라고 말했습니다.

보리스카가 예언한 내용 중에서 몇 가지 예언은 적중되었지만 몇 개의 예언은 빗나가기도 했습니다. 2004년도에 발생한 체첸 사태와 베슬란 학교 인질사건 등 몇 가지 예언은 정확하게 맞췄지만, 2013년도에 발생한다는 대참사는 실제 일어나지 않았습니다.

이렇듯 이 컬러는 외면의 모습보다는 그 이상의 것 즉 내면의 신성한 빛을 지녔다고 할 수 있습니다. 매우 신비롭고 모든 살아있는 것에 깨우침을 주는 컬러 예지, 종교, 영감 등과 밀접한 관계가 있는 색입니다.

가없이 깊고 넓은 망망대해를 뜻하기도 하며 무한대의 창조력이 잠자고 있는 잠재의식, 무의식 세계, 영적인 세계의 보고이기도 합니다.

일반적으로 볼 때 그들은 평범하기보다 좀 특출날 수 있습니다. 하지만 분명한 건 이 컬러의 에너지는 영적 수준에 있어서는 당신이 생각하는 그 이상의 최고의 수준에 올라 있다는 것입니다.

🔷 Indigo 컬러의 성격

✅ 정직하고 슬픈 영화를 보면 눈물을 흘릴 줄 아는 정이 많은 사람입니다.

✅ 양심적이며 이해심이 많은 사람입니다.

✅ 구조나 질서를 원하며 융통성이 부족할 수 있습니다.

✅ 기품이 있으며 숭고함을 추구하고 예술가적 소질이 있습니다.

✅ 직관력이 있으며 신비한 매력이 있습니다.

✅ 남을 위해 인내하고 봉사할 줄 압니다.

✅ 어떠한 문제가 생겼을 때 남 탓을 하기보단 스스로의 책임감을 지닙니다.

✅ 영적인 지도자의 컬러이며 특별한 능력이 있습니다.

✅ 긍정적인 마인드를 가지고 있으며 주위 사람들에게 희망과 사랑을 느끼게 해줍니다.

✅ 내성적이며 나서기를 좋아하지 않습니다.

✅ 차분하며 서두르지 않고 말수가 느립니다.

✅ 자기표현을 적극적으로 하지 않아 좋은 건지 안 좋은 건지 분별하기가 어렵습니다.

✅ 세상을 사는 이유는 나 자신보다 자연을 사랑하고 세상에 평화와 사랑을 주기 위해서입니다.

유니버셜 웨이트의 고위 여사제 카드와 Indigo 컬러는 모두 인내와 희생 그리고 깊은 고민이라는 키워드를 가지고 있습니다. 고위 여사제 카드가 나왔을 때 인디고 컬러가 나오는 경우가 많은데 이는 고위 여사제 카드의 의미를 더욱 강하게 하는 것입니다.

애인과의 연애운에서 이 컬러의 배열이 나왔다면 상대를 위해 인내하고 희생하고 있음을 의미합니다. 예를 들면 거리가 멀어 만나기 위해 먼 길을 가야 한다거나 상대가 학생이라 데이트 비용을 지불해야 한다거나 하듯이 무언가를 희생하고 있을 가능성이 큽니다. 솔로의 연애운에서 이 배열이 나왔다면 짝사랑하는 사람이 있을 가능성이 있습니다. 연애운과 관련하여 남들에게 말하지 못하는 고민이 있다는 것을 의미합니다.

애인과의 연애운에서 이런 배열이 나왔다면 애인이 있어도 있는 게 아닙니다.

멀리 떨어져 있거나 가까이 있어도 마음이 멀리 있습니다. 지금의 상황에 대해서 스스로를 돌아볼 필요가 있습니다.

애인을 만날 수 있을까요? 란 질문이라면 지금은 애인을 만나기보다는 다른 것에 집중할 때라는 것입니다. 학생이라면 공부를, 사업을 하는 사람이라면 사업에 집중할 시기이고 연애는 조금 안정이 되면 그때 해야 할 것 같습니다.

Indigo 컬러의 금전운

금전운에서 Indigo 카드가 나왔다면 지금 좋은 상황은 아닙니다.

노력한 만큼 결과가 주어져야 하는데 지금은 결과보다 투자를 하는 시기입니다. 투자를 했다면 손해를 보고 있습니다. 그러나 인디고는 인내와 희생의 시간이 흐른다면 좋은 결실을 맺을 수 있으니 지금 당장의 결실을 얻으려 하기보다는 장기적인 관점에서 생각하고 노력해야 합니다.

지금의 배열은 유니버설 웨이트 타로는 만족의 카드이지만 Indigo 컬러가 같이 배열됨으로 인해서 만족이 아닌 불만족이 되는 상황입니다. 나름 기대를 많이 했지만 기대에 비해 금전적인 이득이 적었을 가능성이 큽니다. 하지만 이렇듯 긍정적인 유니버설 타로와 인디고 컬러가 같이 나왔다면 지금은 좋은 상황은 아니지만 노력 여하에 따라서 충분히 좋은 미래가 다가올 수도 있습니다.

🔍 Indigo 컬러의 합격운, 매매운

합격운에서 Indigo 컬러가 나왔다면 지금의 상황으로는 합격이 힘든 상황입니다.

지금보다 더 많은 노력이 필요합니다. 부정적인 유니버설 웨이트 타로와 Indigo 컬러가 나왔다면 지금까지 노력이 부족했던 것으로 가능성이 희박하지만 긍정적인 유니버설 웨이트 타로와 Indigo 컬러가 나왔다면 지금의 상황으로는 힘들지만 지금까지 해온 것보다 더 많은 노력을 기울인다면 합격의 가능성도 있습니다.

매매운에서 Indigo 컬러는 자주 등장하는 컬러입니다. 지금의 조건으로는 매매가 힘이 듭니다. 가격을 낮추던가 더 많은 시간이 필요하다는 것입니다.

🔮 Indigo 컬러의 사업운

사업운에서 Indigo 컬러는 커피숍을 하기 위해 바리스타 학원을 다니고 있거나 요식업을 하기 위해 요리학원을 다니고 있는 것처럼 사업을 하기 위해 준비하고 노력하는 기간에 많이 나옵니다. 지금은 힘들고 어려운 시기이지만 잘 참고 노력한다면 좋은 시기가 올 것입니다. 특히 역학업을 하기 위해 타로나 명리공부를 하는 시기에 많이 등장합니다. 인디고 컬러는 상담업과 연관이 있고 영적 능력이 우수하기에 노력을 한다면 사업을 성공적으로 이끌 수 있습니다.

지금 사업을 하는 상황이라면 지금은 좋은 상황은 아닙니다. 적자는 아니지만 노력한 만큼의 결실이 없기에 마음고생을 하고 있습니다.

 Indigo 컬러의 진로 적성

이 색은 영적인 힘을 필요로 하는 직업이나 남을 위해 봉사하는 직업이 어울립니다.

수도자, 종교인, 창의적인 일, 예술가(작가), 디자이너, 상담사, 사회복지사, 연예인(조연급)

지금과 같은 상황이라면 외롭고 힘든 사람들의 마음을 치유해 주고 등불이 되어줄 수 있는 상담사 일이 어울립니다. 인디고의 넓고 깊은 바다 같은 마음으로 사람들을 포용하고 나아갈 길을 알려줍니다. 어떤 분야에서 성공하는 것은 결코 쉬운 일은 아니겠지만 자기 자신과의 싸움에서 이겨낸다면 영적인 능력이 우수하고 상담사로서의 훌륭한 자질을 갖추고 있기에 그 분야에서 최고의 위치에 올라갈 수 있습니다.

👁 Indigo 컬러의 건강운

건강염려증, 정신질환, 신병(神病), 대인기피증, 각종 공포증, 과대망상증

Indigo 컬러는 육체적인 건강보다 정신적인 건강을 나타냅니다.
지금과 같은 경우처럼 대부분의 경우에서 인디고 컬러는 실제로는 건강
에 문제가 없는데 스스로 문제가 있을 거라고 판단하고 걱정하는 상황에
서 많이 나옵니다.

보라색 Violet

Light Violet

Violet

Dark Violet

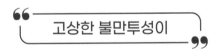

고상한 불만투성이

 키워드

불안, 우울, 갈등, 시련, 비관, 계몽, 요양,
치료해주는 색, 희생, 환각적, 침체, 고상, 예술적,
정신적으로 강하다. 눈높이가 높다

🔮 Violet 컬러의 특성

보라색은 빨강과 파랑이 합쳐진 색으로서 두 가지로 분류할 수 있는데 빨강에 가까우면 'Purple' 파랑에 가까우면 'Violet'으로 부릅니다. 컬러타로에서는 여러 가지 의미나 해석에 있어서 'Violet'에 가깝기 때문에 'Violet'으로 명칭했습니다.

빨강과 파랑이 합쳐진 2차 색이지만 빨강과 파랑의 속성보다는 'Violet'은 'Violet'만의 고유한 특성을 가지고 있습니다. "Violet"이라는 단어는 고대 프랑스어 "Violet"에서 파생되었으며, 그 자체는 보라색 꽃을 의미하는 라틴어 "Viola"에서 유래되었습니다.

보라색은 그 개성이 너무나 강렬하여 모든 시선을 주목시킵니다. 보라색 옷을 입으면 얼굴보다 옷에 시선이 가고 드라마나 영화에 보라색을 사용하면 시선이 보라색을 향하기 때문에 보라색이 곡 필요하고 강조해야 할 경유에만 사용합니다.

☑ 권력과 힘의 색

〈골든 에이지 Elizabeth: The Golden Age, 2007, 감독 셰카르 카푸르〉

당시 세계 최강이었던 스페인 무적함대에 맞서 싸웠던 영국 엘리자베스 1세의 이야기를 테마로 한 영화 '골든 브릿지'의 한 장면입니다. 여왕으로서의 강인한 힘과 권력을 나타냅니다.

보라색 염료는 수천 년 전에 고대 문명에 의해 처음 만들어졌습니다. 보라색 염료는 지중해에서 발견되는 해양 연체동물인 Murex 달팽이에서 비롯됩니다. 숙련된 상인이자 선원이었던 페니키아인들은 이 달팽이에서 보라색 염료를 추출하는 기술을 처음으로 발견했습니다. 손수건 한 장의 염색을 하려면 Murex 달팽이 12,000마리가 필요했는데 이 과정에는 달팽이를 부수고 액체를 햇빛에 노출시키는 과정이 포함되었으며, 그 결과 화학 반응이 일어나 보라색 안료가 생성되었습니다. 이 노동 집약적인 공정으로 인해 보라색은 고대에 가장 값비싼 염료 중 하나가 되었습니다. 보라색은 희귀성과 비용으로 인해 왕족, 귀족과 관련이 있게 되었습니다. 예를 들어 고대 로마에서는 보라색 천을 사용하는 것이 고위 관리와 황제에게만 독점적으로 사용되었으며 일반인이 보라색 옷을 입을 경우 사형에 처할 정도로 엄격하게 보라색을 황위에 상징적인 컬러로써 사용했습니다.

☑ 신비함의 색

2009년 개봉하여 영화 역사상 가장 놀라운 시각적 효과와 기술적 위엄으로 세계적으로 화제가 되었던 제임스 캐머런 감독의 영화 '아바타'의 한 장면입니다.

아바타는 인간들과 신비로운 멀고 먼 행성 판도라의 주민들인 '나비족'과의 갈등을 중심으로 이야기가 전개되는데 판도라 행성에 진한 인디고와 보라색을 주로 사용하여 신비감을 더욱 극대화할 수 있었습니다.

〈아바타 Avatar, 2009 제작, 감독 제임스 카메론〉

역사 속에서도 예술가와 작가는 보라색을 사용하여 신비하고 초현실적인 요소를 묘사했습니다.

유명한 후기 인상파 화가 빈센트 반 고흐는 감정과 초현실적인 풍경을 전달하기 위해 작품에 보라색 색조를 자주 사용했습니다. 그의 유명한 그림 "별이 빛나는 밤"(1889)은 소용돌이치는 보라색과 파란색 톤으로 가득 찬 밤하늘을 특징으로 하여 미묘하고 신비로운 장면을 만듭니다.

"Le Songe"(1910)라고도 알려진 프랑스 예술가 Henri Rousseau의 '꿈'은 신비한 정글 장면을 묘사합니다. 무성한 초목과 짙은 보라색 톤의 이 작품은 관객을 수수께끼 같고 꿈같은 세계로 안내합니다.

루이스 캐롤의 "이상한 나라의 앨리스" 속에서도 보라색을 반복되는 색상으로 사용하여 이상한 나라의 세계에서 앨리스의 여정 전반에 걸쳐 경이로움과 신비로움을 전달합니다.

이처럼 보라색은 시각적 효과는 물론 심리적으로도 신비스럽고 환상적인 느낌을 전달하는 특성을 지니고 있습니다.

☑ 화려함의 색

〈드림걸즈 Dreamgirls, 2006 제작, 감독 빌 콘돈〉

2006년 개봉하여 많은 인기를 누렸던 빌 콘돈(Bill Condon) 감독이 연출한 영화 '드림걸즈'입니다. 1960~1970년대를 풍미했던 다이애나 로스(Diana Ross)의 여성 그룹 '슈프림스(Supremes)'를 모티브로 한 영화로서 흑백논리로 시끄럽던 시기 흑인들의 솔이 담긴 노래로 백인들에게도 인기를 얻게 됩니다.

영화에서 드림걸즈의 화려한 무대나 의상에 보라색을 사용하여 영화의 몰입감을 더욱 극대화 시키고 있습니다. 보라색은 이처럼 연예인, 그 중에서도 주인공에 어울리는 화려한 컬러입니다. 당신이 화려하게 주목받고 싶다면 보라색 옷을 입으시면 됩니다.

☑ 신앙과 신학의 색

2009년 MBC에서 방영되어 화제를 모았던 드라마 '선덕여왕'의 한 장면입니다.

극 중에서 미실은 압도적인 존재감을 드러내는데 원래는 신녀로 나오는

〈MBC 드라마 '선덕여왕', 2009.5.25~2009.12.22 방영〉

데 권력을 맛을 알고 황후가 되기 위해 투쟁하는 인물인데 치밀한 전략가이며 권력 지향적인 팜므파탈형 여성 인물로서 많은 인기를 누렸습니다. 드라마 곳곳에서 미실은 보라색 옷을 자주 입고 등장합니다.

이처럼 보라색은 이성의 색인 노란색과 반대되는 색으로서 신앙과 미신의 색입니다. 그리고 왕과 권력의 색으로서 미실에게 딱 맞는 컬러라고 할 수 있습니다.

보라색은 신학의 색이기도 합니다. 가톨릭교회는 보라색 제복을 가진 유일한 공공기관인데 고위성직자 서열을 나타내었습니다. 몇 년 전 한국을 방문했던 프란체스코 교황도 보라색 모자를 쓰고 있었습니다.

가시광선의 스펙트럼은 빨강부터 보라색까지인데 보라색은 영적으로 인간계의 최고 단계의 컬러이고 그 이상은 신의 영역입니다. 보라색은 이처럼 신과 인간의 경계에 위치하는 컬러로서 신과 인간을 연결하는 역할을 하는 신녀 또는 성직자에게 어울리는 컬러라고 할 수 있습니다.

보라색은 또한 상상이나 허상의 색이라 할 수도 있습니다.

한편 미실이 죽음을 맞이하는 장면에서는 검은색과 짙은 보라색이 조합된 옷을 입고 있는데 보라색이 짙어지면 결국은 검은색이 됩니다.

☑️ 4차원의 색

〈다크 나이트 The Dark Knight, 2008 제작, 감독 크리스토퍼 놀란〉

2008년 개봉한 크리스토퍼 놀란 감독의 '다크나이트'의 한 장면입니다. 영화에서 '조커'는 지능적인 미치광이 싸이코패스로 나오는데 항상 보라색 옷을 입고 있습니다.

평범함을 거부하고 자신만의 독특한 개성을 가지고 있는 보라색은 4차원의 색이라고 볼 수 있습니다. 또한 정신병자색이라고 불리기도 했습니다. 그 이유는 보라색이 정신병 환자를 치료할 때 심리적인 안정을 주기 위해 사용된 데서 비롯되었습니다.

보라색은 빨강과 파랑이 정확히 1:1로 섞이게 되면 안정감을 주지만 그 비율이 조금이라도 달라지면 불안정해집니다. 빨강과 파랑은 양과 음의 대표적인 컬러라 할 수 있는데 물리적인 색채학에서는 일대일로 섞는 것이 가능하겠지만 우리의 삶에서 양과 음이 1:1로 정확하게 일치하기는 어렵습니다.

세계 인구 중에 또는 한 국가의 인구 중에 남자와 여자의 비율은 정확히 1:1이 아니며 낮과 밤 또한 정확히 일치하지는 못합니다. 이처럼 현실의 상황에서 양과 음이 정확하게 일치하기는 어렵기 때문에 violet은 타로에 있어서 불안정한 상황을 나타냅니다.

보라색을 해석하는 데 있어서 반드시 알아야 하는 것 중에 하나는 Violet은 시간이 지날수록 점점 더 짙어진다는 것입니다. light Violet에서 시작되어 점점 Violet 그리고 dark Violet으로 짙어지고 결국은 검정으로 변화게 됩니다.

Violet이 나왔다는 것은 그 문제가 지금 시작된 것이 아니고 시간이 지날수록 점점 커져왔다는 것입니다. 하나의 문제로 발생되었다기보다는 쌓이고 쌓여서 복잡하고 불안정하게 커져왔다는 것입니다. 그러하기에 dark Violet이 나왔다면 그 문제는 이미 오래전부터 시작된 문제이며 커질 대로 커져왔다는 것이므로 그것을 해결하기가 쉽지 않습니다. 실이 많이 엉켜있는 것과 같습니다. 처음에 엉켰을 때에 그것을 풀었다면 좋았겠지만, 이제는 손쓸 수 없을 만큼 엉켜있어 해결 방법을 찾기가 쉽지 않습니다. 최초의 원인이 되었던 문제부터 하나씩 풀어야 할 것 같습니다.

◈ Violet의 특성

- ☑ 동정심이 있거나 예민한 사람입니다.
- ☑ 평화롭고 평온한 자질을 가지고 있습니다.
- ☑ 개성이 강하며 높은 지위를 동경합니다.
- ☑ 당신만의 특별한 카리스마가 있으며 사람들에게 인기가 있습니다.
- ☑ 온화한 성품이지만 일이 틀어질 경우 남탓으로 돌리는 성향이 있습니다.
- ☑ 매우 창의적이며 늘 특별하길 원합니다.
- ☑ 이상적이며 비현실적인 상상을 하기도 합니다.
- ☑ 때때로 변덕이 심할 수 있습니다.
- ☑ 책임감을 갖는 것을 싫어하며 책임감이 부족합니다.
- ☑ 대중에 섞이는 것을 별로 좋아하지 않습니다.
- ☑ 늘 최고가 되길 좋아합니다.
- ☑ 전반적으로 선하고 재치가 있으며 관찰하는 능력이 있습니다.
- ☑ 사람들이 보기에 오만하게 보일 수도 있으며 이기적으로 보일 수도 있습니다.
- ☑ 허영심이 있을 수 있습니다.
- ☑ 이 컬러가 너무 많을 경우 우울증이 올 수도 있습니다.

긍정적인 유니버셜 웨이트타로와 Violet 컬러가 나왔어도 긍정적인 상황은 아닙니다.

거의 대부분의 경우에서 Violet 컬러는 어떠한 유니버셜타로와 함께 나오더라도 부정적인 특성은 변하질 않습니다.

불과 물처럼 두 사람은 조화를 이루지 못하고 있습니다. 이 문제는 이미 오래전부터 점점 커져온 문제로서 상당히 복잡하게 꼬여있고 불안정합니다. 지금 이 문제가 해결되지 못한다면 더욱 심해질 가능이 큽니다.

애인을 만날 수 있을까요?에 대한 질문이라면 눈높이를 낮출 필요가 있어 보입니다.

지금처럼 부정적인 유니버셜 웨이트타로와 Violet 컬러가 나온다면 부정

에 부정이 더해진 상황으로 좋지 않은 상황입니다.

시간이 지날수록 점점 커져 온 문제로 인하여 상당히 복잡한 마음과 불안한 마음이 강합니다. 이제는 돌이킬 수 없는 상황에까지 이르렀습니다. 이 문제를 바라보는 두 사람이 생각이 완전히 다르고 이 관계에 대해 깊게 고민하고 있지만 해결책이 쉬워 보이지는 않습니다.

애인을 만날 수 있을까요?에 대한 질문이라면 예전에 연애로 인해 좋지 않았던 기억이 있을 수 있어 연애에 대해서 긍정적인 생각보다는 부정적인 마음이 강할 수 있습니다.

Violet 컬러의 금전운

금전운에서 지금과 같이 Violet 컬러가 나왔다면 금전적으로 좋은 상황은 아닙니다.

내 것을 지키지 못하고 손해를 볼 것이라는 불안한 생각이 듭니다. 금전으로 인한 고민을 머리에 이고 가슴으로 안고 있습니다. 지금 심정이 매우 복잡하고 머리가 아픕니다. 버는 것보다 지출이 많은 상황입니다. 이 문제는 이미 오래전부터 커져 왔으며 앞으로도 당분간 지속될 것입니다.

남들과 다르게 특별하게 보이고 싶고 화려한 것을 좋아하다 보니 씀씀이가 크고 사치성이 있습니다. 여유가 있어서라기보다는 남들에게 보여지길 원해서 쓰다 보니 내면에서는 머리가 복잡하고 심란합니다.

어디 가서든 능력 있고 힘 있는 사람으로 보이고 싶다 보니 물질적인 능력을 과시하고 싶어합니다. 자신의 현실적인 상황에 맞추어 금전관리를 할 필요가 있어 보입니다.

🔮 Violet 컬러의 매매운, 합격운

매매운에서 Violet 카드가 나왔다면 지금 원하는 조건으로는 계약이 성사되기 어렵습니다.

현실적으로 거리감이 있는 허상에 불과하니 가격 조정이 필요해 보입니다. Violet은 움직임 없는 정적인 컬러입니다. 계약을 위해서는 부지런히 발품을 팔고 노력해야 할 것 같습니다.

원하는 기간에 계약이 성사되기 어렵다는 것을 본인도 인지하고 있고 불안해합니다.

합격운에서 Violet 컬러가 나왔다면 마찬가지로 합격의 가능성이 적습니다. 합격하고 싶지만 열심히 노력을 한 것 같지는 않습니다.

지금처럼 부정적인 유니버셜 웨이트 타로와 Violet 컬러라면 매매의 가능성이 낮습니다.

매매가 잘 이루어지지 않다 보니 불안한 마음에 걱정만 되고 잠이 오질 않습니다.

걱정만 한다고 매매가 이루어지지는 않으니 여러 가지 다른 방법을 모색하고 노력할 필요가 있습니다.

합격운이라면 역시 합격의 가능성이 낮습니다. 현실을 인정하고 다음을 위해 준비해야 할 것 같습니다.

사업운에서 Violet 컬러가 나왔다면 지금의 상황이 좋지 못합니다. 그동안 쌓아 올렸던 공든 탑이 무너질까 불안해하고 있습니다. 이 사람은 웬만한 성과에는 만족하지 못합니다. 더 강한 권력과 힘을 가지고 싶어합니다. 더 크게 성공하고 싶고 더 커다란 성공을 위해 노력해 왔지만 지금 위기에 처해 있습니다. 지금의 문제는 지금 갑자기 생겨난 문제가 아닙니다. 이미 오래전부터 시작된 문제였습니다. 나는 문제가 없는데 다른 사람으로 인해 문제가 생겼다고 남 탓을 하고 있습니다. 내가 옳다는 생각을 버리고 동료나 거래처 사람들과 조화를 이룰 필요가 있어 보입니다.

새로운 사업을 시작하고 싶어 하지만 불안한 마음에 쉽게 시작하지 못합니다. 이런저런 불안한 마음에 아까운 시간만 가고 있습니다. 사업을 시작하는 데 있어 불안요소가 있다면 불안요소를 제거하고 시작해야 합니다. 지금처럼 불안한 마음으로는 시작을 한다 해도 좋은 결실을 기대하기 어렵습니다. 긍정적인 생각을 하고 자신감 있게 시작할 필요가 있어 보입니다.

사업을 이미 시작한 상황이라면 시작하는 과정에서 문제가 발생했는데 이 문제는 지금 해결하지 않으면 결국 더욱더 큰 문제로 커져버려 사업을 힘들게 할 것입니다. 지금 당장 해결할 필요가 있어 보입니다. 지금 당장 내 생각만큼 좋은 성과가 나타나지 않더라도 미래를 위해 초석을 다지는 시기라 생각하고 노력해야 합니다.

Violet 컬러의 진로 적성

이 색은 영적인 분야에서 인간계 최고의 능력을 지니고 있으며 정신적인 능력을 다루는 데 있어 탁월한 능력이 있습니다. 남들과는 다른 자신만의 개성으로 영적인 능력이 필요로 하는 직업에서 최고의 전문가가 될 수 있습니다.

• 정신과 의사, 상담사, 예술가, 천문학자, 종교인, 영적인 분야의 전문가

감수성이 풍부하고 매력이 넘치는 사람으로 문화, 예술 쪽 일이 어울립니다. 사람들의 시선을 즐기며 인기스타가 될 수 있습니다.

자신만의 개성이 강하고 특출난 매력이 있어 어디서든 돋보이고 대중들에게 사랑받을 수 있습니다.

Violet 컬러의 건강운

Violet 컬러의 건강은 정신적인 문제와 연관이 있습니다.

• 우울증, 공황장애, 불안장애, 대인기피증 등 각종 정신병

주변 사람들이 모두 나를 위협하는 것처럼 느껴지고 세상이 원망스러우며 사람들을 만나는 것이 무섭습니다.

정신적인 문제가 있어 보이므로 적절한 치료가 필요해 보입니다.

하늘색 Sky

Sky

> 66 하늘은 알고 있다 99

 키워드

남성성, 하늘, 명예, 진실, 희망, 꿈, 약속,
성실함, 운명적인, 노력, 혼돈, 신의 계시, 맑고 깨끗함,
외국, 숭고, 신비, 영원, 자유, 해방

👁 Sky 컬러의 특성

하늘색은 시간, 날씨 조건, 지리적 위치와 같은 요인에 따라 달라질 수 있는데 낮에는 태양이 머리 위에 떠 있을 때 하늘이 파랗게 보이고 일몰과 일출의 하늘은 종종 황혼의 하늘로 알려진 빨강, 주황 및 분홍색의 생생한 색조를 띱니다. 밤에는 태양이 수평선 아래에 있으면 하늘이 어둡게 보이고 별과 천체가 나타나 밤하늘을 만듭니다.

하늘색을 명칭하는 컬러는 문화권마다 다르지만, 통상적으로 Sky Blue를 하늘색으로 사용합니다. 컬러 타로에서 하늘색을 Sky Blue가 아닌 Sky로 명칭한 것은 이 색조는 하늘색이라는 색채적인 특징보다는 하늘이라는 상징적인 의미의 특성이 강하기 때문입니다.

☑ 하늘의 의미

『한국민족문화대백과사전』에서는 하늘을 다음과 같이 설명하고 있습니다.

지평선이나 수평선 위로 보이는 무한대의 공간 또는 하느님의 별칭 또는 초인간적 존재와 죽은 사람이 머문다는 세계를 가리키는 일반용어로써 하늘은 한올에서 파생되었는데 한올이 변하여 '한울', '한얼'로도 변하였고, '한'의 'ㄴ'이 아래로 내려앉아 '하날', '하눌' 또는 '하늘'로 부르기도 하였다.

하늘의 다른 말은 '한울'인데 한울은 '한'과 '울'의 합성어이다. '한'은 접두사로서 일부 명사 앞에 붙어서 크다는 뜻을 나타낸다. 예를 들면, 한길〔大路〕· 한밭〔大田〕과 같은 것이다. 또 '울'은 우리〔籬〕· 울타리의 준말로 속이 비고 위가 터진 물건의 가장자리를 둘러싼 부분을 말하는 것이다.

그러므로 한울이란 큰 울타리라는 뜻으로 밖〔外〕이 없는 사방, 끝〔末〕이 없는 창공, 일월이 교차하고 성신(星辰)이 운행하며 만물이 자생하고 만사가 발생하는 천지 사방과 상하 좌우를 뜻하는 공간상의 한울이다.

'울'은 또 우리[吾等]라는 뜻이다. 그러므로 '한울'은 큰 우리라는 말이니 천지만물과 나, 천지만물과 우리는 일체감을 가진다는 의미가 내재하여 있다.

전자는 현상으로 본 하늘이요, 후자는 덕성(德性)으로 본 하늘이다. '한울'의 '한'은 또 같다[同一]는 뜻이 있다. 예를 들면, 한 회사, 한 고향, 한 솥밥과 같은 경우이다. 그러므로 한울이란 같은 울타리 즉, 한 울타리라는 뜻을 가진다. 이것은 기능면에서의 하늘의 공동체의식을 지칭하고 있다.

또, 옛날에는 하늘을 환국(桓國)이라고 하였는데, 이 '환(桓)'은 환하다, 밝다는 뜻으로 광명을 의미한다. 그러므로 한울이란 광명이 빛나는 온 누리라는 뜻을 간직하고 있다.

하늘을 달리 표현하여 '한얼'이라고도 한다. 이 한얼의 '얼'은 넋이요, 혼이요, 정신이다. 그러므로 한얼이란 관대한 마음, 박애 정신, 박시제중(博施濟衆)·대자대비(大慈大悲) 등의 뜻을 함유하는 말이다. 유교, 불교, 도교는 물론 기독교의 정신도 이 안에 모두 들어 있다고 하겠다.

또, '한얼'의 '한'은 바르다[正]는 뜻이 있으니, 예를 들면, 한나절[正午]·한복판[正中], 한마음[正心] 등이 그것이다. 그러므로 한얼이란 바른 넋, 정직한 정신을 의미하여 정의(正義), 의리(義理), 공심(公心) 등이 이 속에 모두 포함된다.

한얼의 '한'에는 또 씩씩하다·한창이다[壯盛]의 뜻이 있는데, 예를 들면, 한창때[壯年], 한여름, 한잠 등과 같은 것이다. 그러므로 '한얼'이란 씩씩한 기백, 왕성한 정력을 뜻하며 호연지기(浩然之氣), 기사도 정신 등이 다 이 안에 들어 있다고 하겠다. 또 하늘의 '늘'은 언제나, 항상, 그러하다는 뜻이다. 이는 영원성, 불변성, 항구성을 표상하는 말이다.

하나님의 '하나'는 우주의 근본은 유일무이하다는 종교상의 신을 가리킴인데, 우리 민족의 유일신은 빛과 열과 광명을 주는 태양을 말한다. '한얼'은 정신면에서 본 심성적 하늘을, '하늘'은 시공을 초월한 불변적 하늘을, '하나'는 만물의 근저(根柢)는 하나라는 절대적 하늘을 말한 것이다.

하늘을 옛날에는 한자로 한(韓), 환(丸), 환(桓)으로 표기하였다. 이것들은 모두 동녘에 해가 뜨면 천지가 환하다는 뜻에서 비롯된 유사음(類似音)이다. 우리 민족을 한민족(韓民族)이라 한 것은 하늘의 축복을 받는 민족이라는 뜻이며, 평양의 옛 이름인 환도성(丸都城)도 하늘의 가호를 받는 수도라는 뜻이라 하겠다.

또 하늘계의 주인은 태양이며 태양은 광명을 발하는 본체이다. 그러므로 옛날 사람들은 하늘을 '밝의 뉘' 즉, 밝은 광명의 누리라 하였고, 그 신을 '밝의 뉘(고어로는 붉의 뉘)신'이라 하였다. 후에 '밝'이 변하여 '박'이 되었으며, 신라의 시조 박혁거세의 박(朴)이 이것이요, 또 '발'로도 변전하였으니 발해(渤海)가 이것이다.

한울 이념에서는 천인합일 사상에서 일보 발전한 인내천(人乃天)을 강조한다. 하늘과 인간이 합하여 하나가 된다는 말에는 하늘과 인간은 벌써 하나가 아니고 둘이라는 것을 전제하고 있다.

그러나 이 한울의 인내천 사상은 하늘이 곧 인간이요, 인간이 곧 하늘이라는 뜻으로 인간과 하늘과의 관계에 시간적, 공간적 틈을 허용하지 않는다. 하늘의 뜻이 바로 인간의 뜻이며, 인간의 뜻이 바로 하늘의 뜻이며, 하늘의 사랑이 바로 인간의 사랑이다.

맹자는 "마음을 다하여야 성(性)을 알고, 성을 알아야 하늘을 안다"고 하였다. 그러나 이 한울사상에서는 내 마음을 알면 곧 하늘의 마음을 알게 되는 것으로 지즉통(知則通)인 것이다. 그러므로 천도교에서는 한울을 우주의 본체라고 보고 있는 것이다.

그런데 한울의 이념 즉 인내천을 관철하려면, 한얼사상을 견지하지 않으면 불가능하다. 바른 정신, 씩씩한 기백, 호연한 기질, 명철한 지성이 한얼의 기본 요소이다. 유가의 명명덕(明明德), 신민(新民), 지지선(止至善), 극기복례(克己復禮), 호연지기(浩然之氣) 등이 이 한얼에 속한다. 대종교에서는 이를 우주의 뜻이라 한다.

한얼사상을 고수할 때 지속성을 유지하게 되고(하늘), 유정유일(唯精唯一)할 수 있는 것이다(하나). 우리 한민족이 하나〔一〕로 크게, 밝게, 씩씩하게 하나의 울타리를 형성하여 크고, 밝고, 호연한 넋을 유지하여 왔지만, 앞으로도 양양하게 발전하려면 한울, 한얼, 하늘을 함축하고 있는 '한올' 사상의 고귀하고 전통적인 고유한 신앙을 더욱 육성, 발전시켜야 할 것이다.

출처: 한국민족문화대백과사전

☑ 운명의 색

인내천 사상에서는 하늘의 뜻이 바로 인간의 뜻이며, 인간의 뜻이 바로 하늘의 뜻이라고 합니다.

신비주의의 특히 점성학자들에게 게 As above, so below(하늘에서 그러하듯이 땅에서도 그 러하리라)라는 격언이 있습니다.

날 때부터 정해진 운명이나 피할 수 없는 운명을 숙명이라고 합니다. 속담에서도 "하늘의 뜻이다"라는 말이 있는데 이처럼 인간의 운명은 하늘과 연결되어 있습니다.

결국 하늘의 정해진 뜻에 따라 인간의 운명 또한 정해져 있다는 것이며 운명적인 사랑을 만난다거나 운명적인 일을 하게 되는 것을 말합니다.

☑ 진실의 색

"하늘이 알고 땅이 알고 있다"라는 말이 있는데 이처럼 하늘 아래에는 진실만이 존재합니다.

하늘은 높은 곳에서 늘 우리를 지켜보고 있으므로 우리가 하는 모든 말들과 행동을 알고 있습니다. 어떠한 난관 속에서 진실이 왜곡되고 오해받고 있다면 곧 진실이 드러날 것입니다. 여러 가지 추측이 있을 수 있지만 결국에 진실은 하나입니다.

타로를 볼 때 Sky가 나왔다면 이 진실이라는 의미를 잘 살펴볼 필요가 있습니다.

부정적인 유니버셜 웨이트타로와 나왔다면 진실하지 못하여 발생된 문제일 가능성이 있고 믿을 만한 사람이 아닐 수 있습니다. "믿는 도끼에 발등 찍힌다"라는 말처럼 부정적인 유니버셜 웨이트타로와 Sky가 나왔다면 냉철하게 생각해 볼 필요가 있습니다.

☑ 노력하는 자의 색

이 컬러는 희망과 꿈(Dream)의 컬러이기도 합니다. 순발력과 끝없는 탐구의 지성을 추구하고 상상의 나래를 상징할 수 있습니다. 청운의 뜻을 품고 있는 소년, 소녀의 상상의 세계의 상징일 수 있습니다. "하늘은 스스로 돕는 자를 돕는다"라는 말처럼 그 꿈은 상상만 한다고 이루어지는 것이 아니라 노력에 의해서만 이루어진다는 것을 말해주기도 합니다. 어떠한 결과를 나타내는 자리에 이 색이 나왔다면 노력한 만큼의 결과를 얻게 된다는 것입니다. 노력을 많이 한 사람은 그에 따른 커다란 보상을 받게 될 것이며 노력을 게을리했다면 결과는 만족스럽지 않을 것입니다.

당신이 당신의 자리에서 진실한 모습으로 열심히 살아간다면 하늘은 당신을 주목하고 있으며 당신에게 은총의 빛을 비추어 줄 것입니다.

☑ 허황, 명예의 색

하나님께서 사람들의 죄악과 악랄함을 심판하고자 대홍수를 일으키고 노아의 방주에 올라탄 동물들과 노아의 식구들이 살아남아 다시 세상이 시작될 수 있었습니다.

시간이 흐르고 사람들은 다시 홍수를 일으켜 사람들을 벌할지도 모른다는 생각에 하늘의 신에게 대적하고 자신들의 명예를 알리고자 바벨탑을 쌓았습니다.

사람들은 탑을 높이 쌓아 올렸고 건축가들은 탑의 중간중간에 자기 방을 만들고 금은보석으로 장식했습니다.

하지만 이에 분노한 하나님은 하늘에서 번개를 내려보내 바벨탑을 무너뜨려 버렸습니다.

무엇을 얻거나 성취하기가 매우 어려운 경우를 비유적으로 "하늘의 별따기"라고 이야기합니다. 이처럼 하늘은 인간이 야망과 욕망으로는 오를 수 없습니다.

그러나 진실되고 겸손된 마음으로 성실하게 노력한다면 하늘의 인정을 받아 명예를 얻을 수 있습니다.

🔯 Sky 컬러의 성격

⊘ Sky 컬러의 사람은 진실하고 성실한 사람입니다.

⊘ 여러 사람의 말을 들어주고 같이 고민하고 해결해 주는 사람입니다.

⊘ 그로 인해 많은 사람으로부터 인정을 받는 사람입니다.

⊘ 진보와 보수의 두 가지 성향을 같이 가지고 있지만 주위 사람들은 진
보주의로 인식하는 편입니다.

⊘ 남자다운 면이 있으며 가까운 사람에겐 자존심이 강하고 고집이 센 편
입니다.

⊘ 사람들과 허물없이 대하며 지냅니다.

⊘ 다소 내성적인 편이지만 겉으로 보기에는 밝고 활발해 보입니다.

⊘ 고정관념을 가지고 있지 않습니다.

⊘ 야망이 있으며 명예를 소중히 여깁니다.

⊘ 다소 기분에 따라 변덕스러운 면이 있습니다.

만날 사람은 만난다는 말이 있습니다. 애인이 있는 사람의 연애운이라면 천생연분의 짝을 만나 두 사람은 진실되고 서로를 잘 이해하며 만나고 있다고 말해주고 있습니다.

서로 간의 신뢰감이 있으며 맑고 아름다운 사랑입니다. 하늘이 축복해 준 사랑이며 운명적인 만남이라 할 수 있습니다.

애인을 만날 수 있을까요?란 질문이라면 운명적인 상대를 만나게 될 것이라는 것입니다.

애인을 만나는 곳은 실내가 아닌 야외공간이며 여행 중에 만날 가능성이 있습니다.

주변의 카드가 좋지 않다면 만났다 헤어지고 만났다 헤어지는 것처럼 좋지 않은 일이 계속 반복되는 상황입니다.

지금처럼 부정적인 유니버셜 웨이트타로와 Sky 컬러가 나왔다면 지금의
상황이 좋지 못합니다.

어떻게든 이 사랑을 지키고 싶지만 이미 많이 지쳐있고 허황된 생각일 뿐
입니다. 이것이 하늘의 운명이라 생각하고 포기할 줄도 알아야 합니다.

그 사람의 진실하지 못한 모습이 나를 더욱 힘들게 합니다. 믿음이 깨진
사랑은 유지하기가 어렵습니다.

애인을 만날 수 있을까요?란 질문이라면 당분간은 만나기 어려워 보입니
다. 지금은 만날 준비가 안 되어 있습니다. 내가 사랑할 준비가 되어 있을
때 사랑은 찾아올 것입니다.

🔯 Sky 컬러의 금전운

금전운에서 지금과 같은 배열의 Sky 컬러는 금전 관리를 잘하고 있으며 노력만큼의 댓가를 받게 되는 것입니다.

열심히 노력했는데 노력의 결과보다 보상이 적다면 실망할 것이고 조금만 노력을 했는데도 커다란 보상을 받게 된다면 많이 기쁠 것입니다. 이 카드는 딱 자신이 노력한 만큼의 보상을 받게 되는 카드입니다. 열심히 노력한 사람은 그에 상응하는 보상을 받게 될 것이고 노력을 하지 않았다면 보상은 미미할 것입니다. 이 사람은 그 동안 노력을 게을리하지 않았고 그로 인해 적절한 보상을 받고 있습니다.

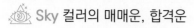 Sky 컬러의 매매운, 합격운

지금과 같이 긍정적인 유니버셜 웨이트타로와 Sky가 나왔다면 합격의 가능성이 큽니다.

그동안 청운의 꿈을 갖고 열심히 노력해 왔으며 만족스런 결과를 얻게 될 것입니다.

매매운이라면 만족스런 가격에 매매가 이루어 질 것입니다.

반대로 부정적인 유니버셜 웨이트타로와 Sky가 나왔다면 합격이나 매매의 가능성이 희박합니다. 하늘이 시간이나 날씨에 따라 색이 달라지듯이 Sky는 같이 보는 유니버셜 웨이트타로의 영향을 많이 받습니다.

🔮 Sky 컬러의 사업운

사업운에서 지금과 같이 긍정적인 유니버셜 웨이트타로와 Sky가 나왔다면 그동안 열심히 노력해 왔고 지금의 상황이 좋다는 것입니다. 이 일은 이 사람과 운명과도 같은 일이며 희망하는 대로 잘 진행되고 있습니다. 주위에서 도와주는 사람이 있으며 앞으로의 성장 가능성도 큽니다. 부정적인 유니버셜 웨이트타로와 Sky라면 노력에 비해 결실이 적고 지금의 상황이 먹구름이 낀 것처럼 좋지 않습니다. 하지만 먹구름은 시간이 지나면 사라지듯이 노력한다면 곧 좋은 날이 올 것입니다.

🔮 Sky의 진로 적성

이 색은 하늘과 연관된 직업이며 사무직보다는 외근직이 좋고 해외와도 연관이 있습니다.

- 파일럿, 스튜어디스, 관광산업, 사진작가, 기상청, 천문학자, 점성술사, 상담사

🔯 Sky의 건강

기본적으로는 건강한 컬러이나 부정적인 상황에서는 다음의 건강을 조심
해야 한다.

- 공기로 전염되는 병(독감, 각종 바이러스 등), 황사로 인한 병

핑크색 Pink

Pink

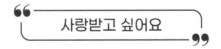

사랑받고 싶어요

 키워드

여성적, 수용, 정화, 호감, 매력, 순수, 섬세함,
사랑, 연인, 보호, 어머니의 색, 변태색,
다른 사랑, 다른 것, 다른 일, 로맨틱, 젊음

🔮 Pink의 특성

☑ Pink 빛 사랑

Pink 컬러하면 많은 사람들이 사랑에 대해 떠올립니다.

Pink빛 사랑은 열정적인 사랑이기보다는 때묻지 않은 순수함의 사랑입니다.

Pink 컬러의 파스텔과 밝은 톤이 부드러움과 섬세함을 전달합니다. 이 부드러운 색상은 어두운 색상의 대담함과 강렬함이 없기 때문에 순수함을 나타냅니다.

역사를 통틀어 분홍색은 다양한 문화와 예술적 표현에서 순수함과 순수함을 나타내는 데 사용되었는데 종교 예술에서 분홍색은 때때로 성모 마리아의 순결과 관련이 있습니다.

낭만적인 맥락에서 분홍색은 첫사랑의 순수함이나 관계의 부드러운 시작과 관련됩니다.

Pink빛 사랑은 달달함이 느껴지는 낭만적인 사랑이 연상되는데 Pink 사랑은 꽃을 주거나, 진심 어린 메모를 쓰거나, 깊은 애정과 감사를 표현하거나 멋진 이벤트를 계획하는 것과 같은 낭만적인 사랑입니다.

또한 Pink의 사랑은 다른 사람을 이해하고 연결하는 동정심 많고 공감적인 특성이 있는데 어머니의 사랑과 같이 모성애적인 수용성과 포용성, 조건 없는 사랑 등의 특징이 나타날 수 있으며 보호하고 보호받으려 할 수 있습니다.

☑ 여성성

한 예능 프로그램에서 아들이 분홍색 치마를 고르며 공주가 되고 싶다고 말하자 아빠가 아들의 취향을 응원하고 지지한다고 했습니다. 이를 두고 지지하는 사람들과 아들은 아들답게 키워야 한다며 지적하는 사람들 사이에 작은 논란이 있었습니다.

1897년 〈뉴욕 타임스〉에 실린 기사에 따르면 분홍은 대게 남자아이의 색으로 파랑은 여자아이의 색으로 간주되었다는 것을 알 수 있으며 19세기 전반 영국 빅토리아 여왕의 가족사진을 보면 첫째 에드워드 왕자는 붉은색 옷을 입고 있습니다.

하지만 시간이 흐르면서 점차 많은 서구 문화권에서 분홍색은 소녀와 여성성과 관련이 있었고 파란색은 소년과 남성성과 관련이 있었습니다.

핑크는 부드러우며 보살핌을 주는 색상으로 간주되며 이는 전통적인 여성성에 대한 개념과 일치하며 정서적, 심리적 연관성은 여성성을 대표하게 되었습니다.

대중문화 속에서 여성성과 관련된 캐릭터와 테마는 종종 핑크색 요소로 묘사되어 연결을 더욱 강화했으며 기업의 광고주들은 핑크를 소녀들의 장난감, 의류 및 기타 제품에 자주 사용하여 색상과 여성성의 연결을 강화했습니다.

이러한 연관성은 색상 자체에 내재된 것이 아니라 문화적 규범과 역사적 발전에 의해 형성된 사회적 구조라는 특징이 있는데 시간이 지남에 따라 성별과 색상에 대한 사회적 태도가 진화했으며 이제 색상이 본질적으로 특정 성별이나 특성과 일치하지 않는다는 인식이 커지고 있습니다. 최근에는 엄격한 성별 고정관념을 깨고 보다 포괄적이고 다양한 성별 표현을 촉진하려는 움직임이 있었으며 그 결과 핑크와 여성성 사이의 연관성은 해석의 여지가 더 넓어지고 있으며 남성과 여성 모두의 색으로 발전되어 왔습니다.

☑ 안정감과 차분함

분홍색은 레드와 화이트가 만난 색입니다. 분홍색에는 레드의 특성과 화이트의 특성 그리고 이 두 색이 합쳐진 분홍의 고유한 특성이 있습니다.

화이트는 어떤 부정적인 색을 만나면 완화시켜주는 작용을 합니다. 레드의 공격적이고 폭력적인 특성을 화이트가 차분하게 만들어 줍니다. 핑크는 따뜻하고 편안한 색으로서 화를 완화시키고 침착하고 편안하게 안심시키는 색입니다.

1970년대 말 알렉산더 샤우스 박사의 연구에 따르면 미국의 한 교도소에서 공격적이고 폭력적인 죄수들을 핑크색 방안에 있게 하거나 또는 핑크색 옷을 입혔을 때 공격적인 특성이 사라지고 차분해진다는 연구결과가 있었습니다.

한 방송 프로그램에서 일본인 타쿠야는 일본 에히메현에 여성 전용 교도소가 있는데 실내를 핑크색으로 꾸몄다고 언급하며 사진을 공개했는데 사진과 영상에서 해당 교도소는 문과 창틀 등이 핑크색으로 꾸며져 있었습니다. 또한 수감자들이 사용하는 이불과 죄수복까지 핑크색으로 꾸며져 있는 것을 알 수 있었습니다.

한편 우리나라의 경우에는 여성 모범수들에게 핑크색 죄수복을 입힙니다. 죄수가 아니더라도 보호가 필요한 이들에게 안정감을 주고 다 잘 될수 있다는 메시지를 주는 색입니다. 산부인과나 산후조리원에서 산모들의 옷이나 침실 등에 많이 사용되기도 합니다.

공격적인 아이가 있다면 차분하게 변화할 수 있도록 핑크색 옷을 입히는 것도 한 방법입니다.

☑ 핑크 셔츠데이

제2차 세계대전 중 독일의 나치는 동성애를 포함한 다양한 집단을 박해 대상으로 삼았습니다. 게이 남성은 체포되어 강제수용소로 보내졌습니다. 수용소에서 수감자들은 수감된 이유를 표시하기 위해 다양한 색상의 삼각형으로 분류되었습니다. 게이 남성은 분홍색 삼각형을 식별자로 착용하도록 만들어졌습니다.

제2차 세계대전 이후 수십 년 동안 분홍색 삼각형은 동성애의 저항과 회복력의 상징으로 표현되었으며 동성애 활동가와 커뮤니티는 이전에 발생했던 박해를 인정하고 기억하는 것의 중요성을 인식했습니다. 분홍색 삼각형은 고통받는 사람들을 기억하고 동성애 권리를 위한 지속적인 투쟁에 대한 인식을 높이는 방법이 되었습니다.

캐나다에는 2월 마지막 수요일에 Pink Shirt Day가 열립니다.

Pink Day 또는 Anti-Bullying Day로도 알려진 Pink Shirt Day는 캐나다에서 시작된 연례 행사로 현재 전 세계 여러 국가에서 행해지고 있습니다. Pink Shirt Day의 주요 목적은 괴롭힘에 대한 인식을 높이고 학교, 직장 및 지역 사회에서 괴롭힘을 방지하고 해결하기 위한 노력을 촉진하는 것입니다.

Pink Shirt Day의 기원은 2007년 캐나다 노바스코샤의 두 고등학생 데이비드 셰퍼드(David Shepherd)와 트래비스 프라이스(Travis Price)에서 시작되었습니다. 등교 첫날 분홍색 셔츠를 입었다는 이유로 괴롭힘을 당한 동료 학생을 지지하기 위해 David와 Travis는 연대를 보여주고 괴롭힘에 맞서기 위한 방법으로 급우들에게 분홍색 셔츠를 사서 배포했습니다. 동료 학생을 지원하기 위해 분홍색 셔츠를 입는 행위는 금세 주목을 받았고 Pink Shirt Day의 탄생에 영감을 주어 지금은 캐나다 전국민의 축제로 거듭났습니다.

☑ 완전히 다르다

분홍색은 화이트와 레드가 만나 이루어진 색입니다. 화이트와 레드는 서로 심리적 반대색으로 분류되는데 이처럼 분홍색은 서로 완전히 다른 두 개의 특성이 존재한다는 것입니다.

겉으로는 화이트가 감싸고 있지만 안에는 레드가 불타오르고 있습니다. 이것은 종종 타로 상담을 할 때 그 특성이 나타나는데 완전히 다른 것을 한다는 의미입니다.

연애운이라면 지금 사람이 아닌 다른 사람을 뜻하며 일과 연관된 것이라면 지금 하는 일이 아닌 다른 일을 뜻합니다.

분홍색이 등장하는 경우 이처럼 완전히 다른 무언가를 이야기할 때 자주 등장하니 주의깊게 실펴 볼 필요가 있습니다.

☑ 보호의 색

일부 문화권에서 분홍색은 전통적으로 양육, 모성 및 보호로 간주되는 특성과 관련이 있습니다. 그것은 보호의 한 형태로 볼 수 있는 보살핌과 부드러움의 감정을 불러일으킬 수 있습니다. 핑크 리본은 유방암의 영향을 받는 사람들을 위한 지원, 관리 및 보호를 나타내며 질병에 대한 인식을 높이는 것을 목표로 합니다. 이처럼 분홍색은 괴롭힘 방지, LGBT 권리 증진, 사회 및 건강 문제에 대한 인식 제고를 위한 노력과 연관될 수 있습니다.

나를 보호하고 내가 보호해야 하는 색으로서 나에게 도움을 주는 귀인의 존재를 말하기도 합니다.

🔎 Pink 컬러의 성격

☑ 친절하고 따뜻한 사람입니다.

☑ 애정이나 감정이 남들보다 풍부한 사람입니다.

☑ 상냥하지만 쉽게 상처받을 수 있습니다.

☑ 미지의 매력이 있으며 남자를 진정한 남자로 만들어 줍니다.

☑ 사랑스럽고 로맨틱하며 감각적이고 세심합니다.

☑ 모성애가 있으며 다른 사람들을 잘 보살피고 보호해 줍니다.

☑ 항상 긍정적이고 다른 사람의 좋은 점을 보는 특성이 있습니다.

☑ 나이보다 젊어 보이며 비폭력적이고 차분합니다.

☑ 친구를 넓은 마음으로 다독거리며 이해해 주는 사람입니다.

☑ 동화 같은 로맨틱한 사랑을 꿈꿉니다.

☑ 충동적이기보다는 체계적이면서 조직적이고 신중한 사람입니다.

☑ 여성적인 매력이 있으며 어머니 같은 모성애가 강합니다.

☑ 장점과 단점에 대하여 치밀하게 계산하며, 속마음과 겉모습을 능수능란하게 조절할 줄 아는 상당한 처세가입니다.

☑ 표면적으로는 온화, 조화를 외치지만 속마음은 상당히 승부에 대한 열의로 가득차 있는 성격이기도 합니다.

☑ 자립심이 부족하여 스스로 행동하기보다는 상대에게 기대려는 특성이 있습니다.

하늘이 맺어준 천생연분의 사랑입니다.

순수한 마음으로 서로를 사랑하고 있으며 마음도 잘 통하고 달달한 사랑을 하고 있습니다.

서로만을 바라보고 있고 만나면 마음이 편안해지고 행복합니다. 스트레스받는 일이 있어도 그 사람만 만나면 마음이 차분해지고 안정됩니다.

애인을 만날 수 있을까요?란 질문이라면 누군가의 소개로 천생연분의 사람을 만나게 될 것입니다.

연애운에서 이런 조합이라면 스프레드의 위치나 그 사람의 상황에 따라서 해석이 완전히 달라질 수 있으니 해석에 유의해야 합니다.

사랑하는 사람이 있고 과거 자리에 나왔다면 과거에 순수하게 아름다운 사랑이 시작되었다는 것입니다. 그런데 이 배열 바로 뒤에 안 좋은 카드들이 나왔다면 그때는 아름다운 사랑이 시작되었다기보다는 지금 만나는 사람이 아닌 다른 사랑이 시작되었다는 것을 의미할 수도 있습니다. 이 배열이 미래 자리에 나왔다면 지금 이들의 연애를 방해하는 문제가 해결되고 아름다운 사랑이 시작될 수도 있고 또는 다른 사람을 만나게 될 수도 있습니다. 즉 바람이 날 수도 있다는 것입니다. 그것은 앞에 어떤 카드들이 나오냐에 따라 달라질 수 있으니 앞에 카드들을 잘 분석해야 합니다.

◈ Pink 컬러의 금전운

핑크의 레드는 돈의 이동이 활발하고 적자를 나타내지만, 화이트가 이를 적절하게 완화시켜주어 적자를 보지는 않습니다.

현재 재정상태는 양호한 편입니다.

가족과 함께 금전 활동을 하고 있거나 가족 문제로 지출할 일이 생길 수 있습니다.

유산을 물려받을 수도 있으며 도움을 주는 사람들이 있습니다.

지금 하고 있는 금전 활동을 계속해야 하는지 다른 일을 해야 하는지 고민하고 있습니다.

직장을 다니고 있다면 이직을 생각하고 있고 장사를 하고 있다면 업종 변경이나 가게 이전을 생각하고 있습니다.

나름대로 돈을 창출해내는 능력은 있지만 적극적이지 않기에 본인의 능력에 비해 소득이 크지는 않습니다. 본인이 돈을 벌겠다는 의지가 강하다면 돈을 벌 기회가 생길 것이며 주위에서 도움을 주는 사람이 있습니다.

🔮 Pink 컬러의 매매운, 합격운

핑크의 매매는 같이 보는 유니버셜타로의 영향을 많이 받습니다.

긍정적인 유니버셜 웨이트타로와 나온다면 누군가의 도움으로 매매가 성사될 것이고 부정적인 유니버셜 웨이트타로와 나온다면 매매가 성사되기 어렵습니다.

합격운이라면 긍정적인 유니버셜 웨이트타로와 나온다면 안정적인 성적으로 합격의 가능성이 크고 부정적인 유니버셜 웨이트타로와 나온다면 불합격될 것입니다. 불합격되는 이유는 유니버셜 웨이트타로의 분석이 필요하고 핑크는 본인이 스스로 노력하기보다는 남들에게 의지하려는 모습이 있었고 하려고 하는 의욕이 부족했기 때문입니다.

매매운에서 지금과 같은 배열이라면 서로 다른 생각을 하고 있는 것입니다. 그것은 매입하려는 사람과 매수하려는 사람의 마음이 다르다는 것입니다. 서로 원하는 금액이 다르기에 쉽게 조절이 안 되고 있습니다. 지금의 상황으로는 매매가 쉽지 않으니 전문가의 도움이 필요합니다. 부동산업자나 매매를 연결해주는 사람의 조율이 필요합니다.

합격운이라면 역시 합격하기 위해서는 지금까지와는 다른 방식의 준비가 필요한데 전문가의 도움이 필요합니다. 전문 학원을 다닌다던가 선생님의 조언을 잘 듣고 따를 필요가 있습니다.

Pink 컬러의 사업운

사업운에서 핑크는 같이 사용하는 유니버셜 웨이트타로의 영향을 많이
받습니다.

화이트는 때를 잘 타는 색입니다.

핑크의 색으로 보면 긍정적인 특성이 강합니다. 그러나 레드의 문제를 화
이트가 제어해주고 있는데 화이트에 때가 탄다는 것은 화이트의 완화 작
용이 약해지며 레드의 부정적인 특성이 강해진다는 것입니다.

사업운에서 the Empress 카드와 같이 긍정적인 유니버셜 웨이트타로와
같이 나온다면 지금의 상황이 괜찮습니다. 사업에 도움을 주는 사람이 있
으며 큰 돈을 벌지는 않지만, 안정적이고 편안하게 사업이 진행되고 있습
니다.

여성이나 사랑과 연관된 사업일 수 있으며 지출관리를 좀 만 더 신경 쓴
다면 지금보다 더 안정적으로 사업이 진행될 것입니다.

쉽고 재미있는 레드썬의 컬러타로

Pink 컬러의 진로 적성

핑크색은 여성이나 패션, 어머니, 로맨스, 보호와 연관된 직업이 어울립니다.

• 뷰티산업, 화장품, 패션, 웨딩플래너, 디자이너, 악세사리, 유치원 선생님, 요양보호사 등

Pink 컬러의 건강운

• 노인병(치매, 관절 등), 청소년 문제 등 보호가 필요한 병, 부인과 질환, 공주병 등

흰색 White

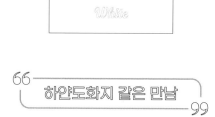

하얀도화지 같은 만남

🪶 키워드

전체, 시작, 탄생, 웨딩드레스, 지혜,
공허, 죽음, 부활, 순수, 희생, 포용, 하얀 도화지,
완벽주의자, 희생, 백합

👁️ White의 유래

☑️ 순수함

물감은 섞으면 섞을수록 검은색이 되고 빛은 섞일수록 흰색이 됩니다.

흰색은 가시광선 전체를 반사하는 색으로 모든 빛을 반사하며 빛과 밝음을 상징합니다.

변색되지 않은 갓 내린 눈이나 흰색의 도화지처럼 흰색에는 아무것도 더해지지 않았기 때문에 이전 경험이나 영향이 없고 과거의 행동에 얽매이지 않은 무고의 상태로서 순수함 그 자체입니다.

이 색은 순수할수록 완벽하며, 다른 것이 첨가되면 그 완벽함이 떨어집니다. 가장 궁극적인 순수의 색이며 평화로움과 편안함을 가져다주며 감정, 사고, 그리고 영혼의 내적인 정화를 도와주고 보호하는 색이라 할 수 있습니다.

우리 조상들은 백색을 말할 때 아주 희다는 뜻으로 순백(醇白, 純白) 또는 수백(粹白), 백정(百精), 정백(精百) 그리고 때로는 선명하게 희다고 해서 선백(鮮白)이라고 표현했습니다.

많은 종교 및 영적 전통에서는 영혼의 순결 또는 특정 윤리적 가치 준수를 나타내기 위해 흰색을 사용합니다. 흰색 예복은 다양한 신앙을 가진 수행자들이 그들의 영적 순결을 상징하기 위해 의식을 치르는 동안 입습니다.

『성경』속에는 어린 양과 갓난아이를 안고 있는 흰옷을 입는 여인이 등장하는데 어린 양은 항상 순결한 번제(Burnt offering)의 동물이면서 순수함을 상징하는 동물입니다.

아이들은 세속적인 일에 더럽혀지지 않은 것처럼 보이기 때문에 흰색은 때때로 젊음의 순수함과 그에 따른 순진함과 관련이 있습니다.

☑️ 새로운 시작

색은 무채색에서 시작하여 무채색으로 끝이 납니다. 흰색과 검은색은 무채색을 대표하는데 그런 이유에서 흰색은 시작을 검은색은 끝을 의미합니다.

마르코 폴로의 『동방견문록』을 보면 타르타르(Tartars)인들은 새해를 맞이하며 황제를 비롯하여 모든 시민들이 모두 흰옷을 입는 습관이 있으며, 그들의 생각으로는 백색은 행운을 상징하는 것이므로 이 일 년간 행운이 계속하여 기쁨과 평안을 누릴 수 있도록 바라는 뜻에서 흰옷을 입는다고 기록했습니다.

석가모니의 탄생은 석가의 어머니인 마야부인이 상아 여섯 개가 달린 커다란 흰 코끼리가 옆구리로 들어오는 태몽 꿈으로 예시를 했습니다.

창세기에 따르면 하나님이 세상을 창조하실 때 제일 처음 명한 것이 "빛이 있으라!"입니다.

일부 문화권에서는 순결이나 순수함을 축하하기 위해 특정 상황에서 흰색을 사용합니다. 흰옷은 종종 세례 의식을 위해 입는데, 이는 영적 여정의 새로운 시작을 의미합니다.

흰색은 빛의 색으로서 시작을 나타냅니다. 검은 밤이 지나면 새로운 아침이 밝아옵니다.

흰색의 시작은 아무것도 그려지지 않은 흰색 도화지와 같습니다.

긍정적인 것도 없지만 부정적인 것도 없습니다. 어떤 그림이 그려질지는 아직 모릅니다.

앞으로 어떤 그림이 그려지고 어떤 색으로 칠해질지는 그 사람의 노력에 달려있습니다.

흰색은 반사율이 높고 밝은 색상입니다. 깨끗할수록 색상이 더 밝게 보이는 경향이 있습니다. 얼룩, 먼지 및 불순물은 흰색 표면에서 더 쉽게 볼 수 있으므로 무언가가 깨끗하지 않을 때 시각적으로 분명합니다. 그러한 이유로 깨끗함을 필요로 하는 연구소나 식료품 공장 등의 유니폼으로 사용됩니다.

의사와 간호사는 흰색 가운을 입습니다. 기록에 따르면 공식적으로 흰색 가운을 입자고 주장한 것은 20세기 초 뉴욕대학의 외과 의사였던 Dr. Mark Hochberg였다고 합니다. 20세기 중반에 이르면서 일반적인 의사들은 흰색 가운을 입었다고 합니다. 환자들은 보통 면역 수치가 떨어져 있어 세균 차단이 필요한데 흰색은 더러운 것이 묻으면 쉽게 눈에 띄기 때문에 옷을 통한 세균 전파를 막을 수 있습니다. 또한 흰색은 생명과 부활을 상징하는 색으로서 부정적인 것들을 없애고 깨끗하게 만들어 주는 색이기에 의사의 가운으로 어울립니다.

예로부터 서양에서는 하얀 밀가루, 우유, 계란 이 세가지 하얀 물건을 제물로 바치면 마녀와 악령을 쫓아준다는 미신이 있습니다. 『성경』에는 인간의 죄를 씻기 위해 희생의 제물로 바치는 이야기들이 있는데 희생의 제물로 가장 많이 쓰이는 동물은 순결을 상징하는 흰 양입니다.

흰색의 빛은 공간과 여러 사물들을 밝게 비추어 줍니다. 그림을 그리는 캔버스는 언제나 흰색입니다. 흰색은 어떠한 색도 잘 표현해 주는데 이처럼 흰색은 다른 색을 위해 희생하는 색입니다.

☑ 웨딩드레스

오래전 유럽에서는 흰색 웨딩드레스와 관련하여 순결하지 않은 여성이 흰색 웨딩드레스를 입으면 색이 변한다고 믿어 순결함을 확인하기 위해 웨딩드레스를 흰색으로 입었다는 설이 있습니다.

신부가 하얀 웨딩드레스를 입었다는 공식적인 기록은 15세기 프랑스와 국경을 마주한 브루따뉴(Bretagne)공국이라는 곳이 있었는데 1499년 브루따뉴 공국의 여 공작이었던 안느(Anne de Bretagne)라는 사람이 프랑스왕 루이 12세와 결혼하면서 하얀 웨딩드레스를 입었다고 합니다. 그런데 재미있는 점은 안느 공작은 재혼이었다고 합니다.

본격적으로 하얀 웨딩드레스가 유행을 하기 시작한 것은 1840년 알베르트 왕자와 결혼한 영국의 빅토리아 여왕이 하얀 드레스에 면사포를 쓰면서 시작되었습니다. 신부가 머리를 가리는 것은 처음 보는 일이었는데 머리를 가리는 두건은 결혼식이 끝난 다음에야 쓰는 것이었습니다.

당시 세계 최강국이었던 영국의 영향력에 힘입어 하얀 웨딩드레스는 결혼식의 상징처럼 전 세계에 널리 퍼지게 되었습니다. 1808년 처음으로 직조기가 나와 직물의 값이 매우 저렴해졌고 1830년부터 재봉틀이 생겨났으며, 많은 여자들의 로망인 하루만이라도 여왕이 되고 싶은 꿈을 하얀 웨딩드레스로 이룰 수 있었습니다.

- 기품이 있고 고귀한 인품의 사람입니다.
- 원숙함과는 다소 거리가 멀지만, 항상 완전한 것을 추구합니다.
- 불가능한 이상을 품고 있는 경우가 많습니다.
- 공사의 구분이 확실한 사람들이 많습니다.
- 젊음의 색으로서 순수하고 천진한 사람입니다.
- 나서지 않으며 조화를 이루려고 노력하는 사람입니다.
- 진실성이 있으며 타협하지 않습니다.
- 늘 젊게 살려고 노력하는 사람입니다.
- 한편으로는 차갑고 냉정한 사람이기도 합니다.
- 자만심이 강하며 동시에 고독해 하기도 합니다.
- 상당히 가정적인 사람이기도 합니다.
- 순수한 정신을 존중하고 심신이 건강한 사람입니다.
- 소속된 세계의 선구자적 기질도 있습니다.
- 신념이 투철하고 자존심이 매우 강하기 때문에 천상천하 유아독존 격인 사람입니다.
- 도도하게 보일 수 있으며 어떤 장소에서도 주눅들지 않습니다.

긍정적인 유니버셜 웨이트타로와 화이트는 연애운에서 크게 세가지 이유로 등장하는데 하나는 사랑이 시작될 또 하나는 재회할 때 또 하나는 과거의 안 좋은 상황들이 해소되고 새로운 전환점을 맞이할 때입니다.

두 사람의 관계는 앞으로 정해진 것은 없습니다. 이것은 도화지에 그림을 어떻게 그리느냐는 두사람의 노력에 달려있습니다. 앞으로 좋은 그림들을 그려나갈 수 있다는 점에서 좋은 색이며 아직 채워진 게 없다는 면에서는 아쉬운 점이라 할 수 있습니다.

하얀 도화지에 상처와 실망만이 그려져 있습니다.

아픈 사랑으로 인해 공허한 마음만 가득하고 지금까지 만난 의미가 없습니다.

과거 자리에 나왔을 경우 현재가 긍정적 배열의 카드들이 나왔다면 전에 사랑의 아픔이 있었는데 지금의 사람을 만나 그 아픔이 치유되는 모습으로 해석되는 경우도 있습니다.

애인을 만날 수 있을까요?란 질문이라면 만나기 어려운 모습이며 재회를 원하는 경우 등장할 수 있는데 재회가 어려운 상황입니다.

👁 White 컬러의 금전운

White의 금전운은 현재 상황은 아무것도 채워지지 않은 텅빈 금고와 같습니다.

적자는 아니지만 채워지지도 않습니다. 흰색은 주로 새로운 금전 활동을 시작할 때 자주 나옵니다. 아직 미래에 금전운에 대해서 정해진 것은 없습니다. 그것은 순전히 본인의 노력에 따라서 많은 금전의 기회를 얻을 수도 있고 텅빈 금고만 가지고 있을 수도 있습니다. 시작하지 않고 행동하지 않고서는 재물은 모을 수 없습니다. 부정적인 방해 요소가 없기 때문에 긍정적인 마음으로 시작해도 좋아 보입니다.

지금 하고 있는 금전 활동이 만족스럽지 않기 때문에 변화를 하고 싶어합니다.

현재의 상황으로는 크게 이윤을 남기지 못하고 있습니다.

직장이나 사업장을 옮기거나 새로운 구상을 하고 있습니다. 망설이지 말고 새롭게 도전하는 것이 좋아 보입니다.

👁 White 컬러의 매매운, 합격운

White 컬러만 놓고 보면 긍정적인 의미가 강하기에 매매와 합격운 모두 좋습니다.

그렇지만 하얀 도화지에는 긍정적인 그림도 부정적인 그림도 그려질 수 있습니다.

그렇기 때문에 흰색은 같이 보는 유니버셜 웨이트타로의 영향을 많이 받습니다.

매매운에서 부정적인 유니버셜 웨이트타로와 나온다면 매매가 이루어지지 않는 모습입니다.

긍정적인 유니버셜 웨이트타로와 나온다면 매매가 적절한 선에서 이루어지는 것입니다.

크게 이득을 보지도 않고 손해도 보지 않는 합리적인 매매가 이루어 집니다.

합격운에서도 같이 보는 유니버셜 웨이트타로의 영향을 많이 받습니다.

유니버셜 웨이트타로에 따라 합격 불합격이 결정됩니다.

White 컬러의 사업운

사업운에서 White는 새로운 사업을 시작할 때 주로 나옵니다.

앞으로 어떻게 노력하느냐에 따라서 사업의 성패가 좌우됩니다.

현재 사업을 하고 있는 중이라면 새로운 전환점이 된다는 것입니다.

지금이 변화의 시점이며 새롭게 도전할 때입니다.

과거가 부정적인 배열이 나오고 현재에 White가 나온다거나 현재에 부정적인 카드 배열이 나오고 미래에 White가 배열된다면 그동안의 안 좋았던 일들이 해결되고 미래에는 좋아질 수 있다는 것입니다.

White 컬러의 진로 적성

이 색은 청결하고 깨끗함을 필요로 하는 직업이나 창의적인 일에 어울립니다.

• 의사, 간호사, 연구원, 웨딩관련 업, 창의적인 일, 학자, 가정주부, 미용사, 코디네이터

White 컬러의 건강운

현재 건강에 문제가 있다면 완치가 될 수 있습니다.

긍정적인 유니버셜 웨이트타로와 나온다면 지금은 건강에 아무 이상이 없습니다.

부정적인 유니버셜 웨이트타로와 나온다면 폐, 결핵이나 안과 질환과 관련이 있습니다.

검은색 Black

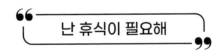

Black

> **난 휴식이 필요해**

 키워드

흡수, 수렴, 총정리, 다시 시작, 부활, 멈춰있다,
죽음, 휴식기, 위기, 정체, 검은돈,
강력한 힘, 위기, 재충전

🔯 Black의 특성

☑ 권력과 힘

Black은 절대 권력의 컬러입니다.

서양에서는 왕이 죽었을 때 신하들이 절대 충성의 의미로 '왕 이외의 어떤 것으로도 물들지 않는 색상'이라며 검은색을 착용했다고 합니다. 춘추전국시대를 통일했던 진시황의 진나라는 검은색을 숭상하였습니다.

초(超)중력에 의해 천체가 빨려 들어가는 우주의 가상적인 구멍을 블랙홀이라 합니다. 검은색과 다른 색들을 섞으면 검은색으로 흡수되어 결국은 검은색이 됩니다.

Black은 자연스럽게 시선을 사로잡는 대담하고 위엄 있는 색상으로서 깊고 어두운 색조는 시각적으로 인상적이고 권위 있게 만듭니다. 검은색은 모든 것을 안고 있는 듯한 모습으로 무거워 보이는 색입니다. 사람들은 무게감 있는 모습이 필요한 격식 있는 자리에서 검은색 옷을 입습니다. 일반적으로 기업 회장이나, 임원, 고위 관료 등은 주로 검은색 대형 세단을 타고 다닙니다. 스포츠의 심판, 재판관, 간수들은 주로 검은색 옷을 입습니다. 그들의 권위를 나타내기에 검은색만큼 좋은 색조는 없습니다.

☑ 휴식과 침묵

Black은 빛을 흡수하여 깊이감을 연출하는 색으로서 움직임이 없는 고요한 침묵의 색이라고 할 수 있습니다.

빛이 없는 깜깜한 밤에 사람들은 잠을 자듯이 검은색은 휴식의 색이기도 합니다.

사랑하는 사람과 헤어진 후 솔로가 되었을 때 다니던 직장을 그만두었을 때 부부 사이의 권태기 등 인생을 살면서 겪게 되는 모든 휴식기, 중단기 등이 검은색에 비유될 수 있습니다.

하지만 아무리 깜깜한 밤일지라도 시간이 지나면 아침이 오듯이 검은색은 끝이 아닙니다. 밝은 내일을 위한 준비의 시간입니다.

인생에서 검은색의 중단기가 오면 앞이 깜깜하고 보이지 않겠지만 밝음은 가장 어두울 때 시작되는 법입니다.

아름다운 꽃들의 뿌리는 어둠뿐인 흙 속에 있습니다. 뿌리가 없이 꽃을 피울 수 없듯이 어둠이 없이 밝음은 오질 않습니다.

☑️ 죽음과 불행

Black은 빛이 없는 상태이고 이는 어떤 상황이 일어날지 모르는 무지 속에서 불길함을 나타냅니다.

밤은 어두운 색이므로 보이지 않는 음산한 이미지를 주며 인간을 비롯한 모든 만물은 어둠을 좋아하지 않으므로 밝음이 희망과 생명력을 의미한다면, 어둠은 좌절과 죽음, 공포 등의 이미지를 전달하고 있습니다

거의 대부분의 문화권에서 검은색은 죽음이나 공포의 감정을 나타내는 부정적인 이미지의 색으로 생각합니다. 우리나라에서도 죽음으로 이끄는 저승사자는 검은색 옷을 입고 있습니다. 장례식 참석하는 대부분의 사람들은 검은색 정장을 입습니다.

과거 우리나라에선 흰색은 하늘과 태양, 시작을 의미하는 색으로 여겼고 죽음이 끝이 아닌 또 다른 세계로 간다고 생각했기에 더 좋은 곳으로 가라는 의미에서 흰옷을 입었다고 합니다.

하지만 중국의 유교문화의 영향을 받으며 음양오행의 의미에 따라 빨간색을 양 검은색을 음이라 하여 음으로 가는 고인의 혼을 달래기 위해서

검은색을 입었다고 합니다. 서양에서는 영국의 빅토리아 여왕이 남편의 장례식을 마칠 때까지 검은색 옷을 입으면서 장례식장에서 검은색 옷을 입었다는 이야기가 전해집니다.

식물의 뿌리는 검은색이 되면 죽은 것입니다. 세상의 모든 만물이 끝이난 다면 결국에 남는 것은 검은색이 될 것입니다. 가톨릭 신부의 검은색 수단도 세속에서의 죽음을 상징합니다.

하지만 봄이 오면 싹이 트고 여름에 자라고 가을에 열매 맺으며 겨울에 땅속으로 사그라지는 것이 자연의 이치입니다.

둥그런 보름달이 차차 사그라져 들다가 그믐이 되면 거의 없어지고 다시 초승달로 되살아나며 보름달이 됩니다.

불교의 윤회사상은 생명이 있는 것, 즉 중생은 죽어도 다시 태어나 생이 반복된다고 합니다. 이처럼 죽음과 삶은 반복됩니다.

이처럼 죽음은 끝이 났다기보다는 새로운 싹을 트이기 위한 사그라짐이 라고 말할 수 있습니다.

드라마나 영화에서 등장하는 검은 고양이는 불행을 상징합니다. 서양에 서 검은 동물이 불행을 상징하게 된 이유는 마녀가 검은 고양이를 데리고 다닌다고 해서 시작되었다는 이야기가 있습니다. 또한 누군가 죽기 전 또 는 장례를 치를 때 마을 주변에 까마귀가 날아들었다고 하여 검은 까마귀 는 불행의 상징이 되었다고 합니다.

☑ 세련되고 고급스런

모든 것을 흡수한 듯한 Black 컬러는 무게감이 느껴지며 고급스러운 느 낌을 줍니다. 엄숙하고 진중한 색으로서 격식있고 무게감이 필요한 장소 에 어울립니다. 고급스러운 고가의 상품은 검은색을 사용합니다.

Black 컬러는 명도가 없기 때문에 명도가 있는 것을 가장 잘 나타내는데 검은색 옷을 입으면 시선이 얼굴로 향합니다.

Black 컬러는 빛이 없기 때문에 있는 그대로의 모습을 보여줍니다.

그렇기 때문에 그 사람의 나이를 가장 적나라하게 보여주는 컬러이기도 합니다.

Black 컬러의 성격

- ☑ 남자는 지극히 남성적이고 적극적인 행동력이 있습니다.
- ☑ 어디서건 반드시 대장이 되어야만 직성이 풀립니다.
- ☑ 예의바르고 의리가 있습니다.
- ☑ 늘 강력한 권위를 보여주려 합니다.
- ☑ 여자는 남자에게 신비하게 보이길 원합니다.
- ☑ 의지가 강하고 독립심이 강합니다.
- ☑ 정열을 억제하며 살고 있습니다.
- ☑ 희망과 꿈이 크고 승부욕이 강합니다.
- ☑ 세속적이며 관습에 순응적이며 예의가 바르고 당당합니다.
- ☑ 편협된 사고방식을 가진 사람들도 많습니다.
- ☑ 남을 잘 다루는 재능이 있고 힘도 강하고 명랑합니다.
- ☑ 타인에게 권위 있는 이미지, 강한 이미지를 주고 싶어합니다.
- ☑ 솔직함이 결여되어 있는 사람이 많습니다.
- ☑ 맺고 끊음이 확실한 사람입니다.

연애운에서 Black 컬러가 나왔다면 중단기, 침체기, 권태기에 해당됩니다.

애인과 떨어져 지낼 일이 있다던가 몸과 마음이 멀어진 상태입니다.

그동안의 연애로 몸도 마음도 많이 지쳐있습니다. 이런 경우에는 억지로

관계를 회복하려 하기보다는 잠시 떨어져 생각할 시간이 필요합니다. 두

사람의 관계가 끝이 난 것은 아닙니다.

이 기간이 지나고 나면 다시 좋아질 수 있습니다.

애인을 만날 수 있을까요?에 대한 질문이라면 지금은 만나기에 좋은 시기

가 아닙니다.

지금 만난다면 좋지 않은 인연을 만나 상처받을 수 있으니 시간이 지난

미래에 상황이 좋아지면 그때 만나야 합니다.

정상적인 연인관계로 보이지 않습니다.

금전거래에 의한 만남일 수 있습니다. 이기적인 성향으로 모든 것을 자신에게 맞추길 바랍니다. 상당히 집착이 강한 사람으로서 나를 힘들게 합니다. 폭력적인 성향일 수도 있습니다.

힘든 연애로 몸도 마음도 너무 지쳐있습니다.

상대의 말을 모두 믿어서는 안됩니다. 거짓 맹세를 하고 있고 검은 속내를 가지고 있을 수 있습니다. 애인을 만날 수 있을까요? 란 질문이라면 지금은 만날 시기가 아니며 유혹이 있어도 당분간은 만나지 않는 것이 좋습니다.

🔮 Black 컬러의 금전운

Black은 흑자를 의미할 수도 있지만 실제 상담에서 검은색은 금전 활동이 중단되었거나 자금 유통이 막혀있는 상황에서 주로 나옵니다.

밤과 어둠의 컬러이기 때문에 밤에 하는 일이나 사채 같은 일에서는 괜찮은 게 아닌가 할 수도 있지만 그런 업종에 있더라도 좋은 상황이라면 긍정적인 색의 카드가 나오는 것이 좋습니다.

어떤 일을 하는 지에 대한 의문이라면 그쪽 관련 일이라 예상할 수 있지만 돈을 벌 수 있느냐는 다른 관점에서 보아야 합니다.

돈 욕심이 많은 사람입니다.

돈이 없는 것은 아니지만 부동산에 묶여 있는 것처럼 내 맘대로 사용할 수 없는 돈입니다. 금전 유통이 꽉 막혀있습니다.

잘 다니던 직장을 그만두는 상황처럼 들어오던 금전 활동이 중단되었습니다.

투자를 해도 괜찮을까요? 란 질문이라면 장기간 없는 돈이라 생각하고 기다릴 수 있다면 나쁘지 않지만, 단기간에 이익을 보기 원한다면 안 하는 것이 좋습니다.

지금처럼 긍정적인 유니버셜 웨이트타로가 나오든 부정적인 유니버셜 웨이트타로가 나오든 상관없이 Black이 나왔다면 매매의 상황이 좋지 않습니다.

매매가 중단되어 있는 모습입니다. 깜깜한 밤에는 움직임이 없듯이 매매를 하러 오지 않습니다. 지금 거래를 한다면 사기를 당할 수도 있으니 조심해야 합니다.

하지만 밤이 지나면 아침이 오듯이 곧 거래의 시기가 올 것입니다. 타로를 볼 때 시기를 1개월로 정했다면 최소 1개월은 지난 다음에 매매가 이루어 질 것입니다.

합격의 질문에서도 Black은 좋지 않습니다. 유니버셜 웨이트타로는 만족의 카드이지만 만족의 컵이 어두움으로 가득 차 있습니다. 불합격으로 인해 눈앞이 깜깜해지는 모습입니다.

다음 시험에는 합격할 수 있으니 이번 시험은 경험의 기회로 삼고 다음 시험을 준비해야 합니다.

Black 컬러의 사업운

Black은 중단기, 침체기에 해당됩니다.

예를 들어 여름이 성수기인 에어컨 사업은 겨울에는 비수기이고 겨울이 성수기인 보일러 사업은 여름이 비수기이듯이 지금은 비수기입니다.

사업이 지금 암흑기를 맞이하고 있습니다. 잘 진행되던 것도 멈춰진 상태이며 쉽게 나아지질 않고 있습니다. 암흑의 땅속에서 씨앗이 자라나 새싹을 이루듯이 지금은 희생이 필요한 시기입니다. 이 시기가 지나면 좋아질 수 있으니 편안한 마음으로 미래를 준비하고 기다려야 합니다.

Black 컬러의 진로 적성

이 색은 힘과 야망의 색으로서 스케일이 큰 사람이며 강력한 권력을 가질 수 있는 직종이 좋으며 밤과 연관된 일이나 죽음과 연관된 직종에 해당되기도 합니다.

• 정치인, 법관, 공무원, 군인, 기업 CEO, 밤에 하는 일, 신부, 수녀, 장례산업

Black은 무거운 색으로서 몸도 마음도 지쳐있습니다.

휴식의 시간이 필요해 보입니다.

때때로 부정적인 유니버셜 웨이트타로와 나올 경우 암에 해당될 수 있습니다.

• 어느 정도 진행된 암, 심신의 피로

지금처럼 부정적인 유니버셜 웨이트타로와 검은색이 나왔다면 수술을 필요로 하는 암일 수 있으니 검진을 받아보는 것이 좋습니다.

회색 Grey

Gray

너 정체가 뭐니?

 키워드

오리무중, 숨김, 비밀스럽다, 호기심, 기회주의,
타협, 은폐, 답답함, 고행, 일이 잘 안풀린다.
검소하다, 회색분자, 이도저도 아닌

 **Gray의 유래**

☑ 중립의 색

Gray 컬러는 색상 스펙트럼에서 검정과 흰색 사이에 있으며 순 우리말로는 잿빛이라고 합니다.

따뜻하지도 차갑지도 않고 정신적이지도 물질적이지도 않습니다.

흑과 백의 분명한 결정과 선택을 강요하는 현대사회에서 회색은 어느 쪽으로도 치우치지 않은 중립성을 유지하고 있습니다.

Gray 컬러는 생활 공간에서 균형 잡히고 차분한 분위기를 연출할 수 있기 때문에 인테리어 벽, 가구 및 장식용으로 인기 있는 색입니다. 하지만 이러한 특성은 이도저도 아닌 답답하고 이중적인 색이라고 할 수 있습니다.

Gray 컬러는 힘이 없고 고귀한 흰색이 더럽혀지고, 강렬한 검정을 약화시키는 색으로서 이도저도 아닌 중간색이고 회색은 정신적이지도 물질적이지도 않으며 회색은 모호하고 특성이 없는 색으로서 회색은 검정도 흰색도 아니고 '예'도 '아니오'도 아니기 때문에 감정이 없습니다. 회색은 색채를 파괴하듯이 감정도 파괴한다고 할 수 있습니다.

☑ 이론의 색

머릿속에 있는 회색의 뇌 안에서 이론은 시작됩니다. 그래서 Gray 컬러는 이론의 색이라 할 수 있습니다. 정식으로 출판되지 않은 학위논문이나 기관에서 만들어진 보고서 또는 학술적인 기술보고서 등을 회색 문헌이라 합니다.

Medical News Today에 실린 기사에 따르면 사우스 오스트레일리아 대학(University of South Australia)의 Anwar Mulugeta 박사는 회백질은 신경 세

포체, 신경교 세포 및 모세 혈관이 풍부한 뇌의 필수 구성 요소이며 회백질은 뇌의 다른 영역에 위치하기 때문에 학습, 기억, 인지 기능, 주의력, 근육 조절 등 다양한 역할을 한다고 합니다.

연구에 따르면 평균 키의 사람이 체중이 3kg 추가될 때마다 회백질이 0.3% 감소하는 것으로 나타났으며 운동을 통해 근육량이 증가하면 늘어난다고 합니다.

☑ 가난과 겸손

Gray 컬러는 때가 잘 타지 않는 색으로서 가난과 겸손을 뜻합니다.

스님들이 출가 수행자의 표시로 입는 의복인 승복은 회색입니다. 출가후 스님으로서의 여법한 태도나 수행자세를 만들어 가는 것을 흔히 중물들이기 내지 먹물들이기라는 말을 사용하기도 합니다. 이 승복은 원래 인도의 엽사 등이 입었던 누더기 옷을 '카샤야'라 불렀는데 불교가 그것을 받아들인 것입니다.

인도의 승단에서 제정된 법의(法衣)를 그 색 때문에 '가사(袈裟)'라 하였으며 산스크리트어로 '아름답지 않은 탁한 색'을 의미합니다.

Gray 컬러나 Black 컬러는 다른 종교에서도 경건성과 검소함을 나타내므로 사용하고 있습니다. 일부 도교 신자들은 흔히 회색으로 된 옷을 입었습니다. 일본의 수도승도 회색이나 검은색으로 된 승복을 입습니다.

그리스도가 입었던 옷은 이 색이며 순례자(巡禮者)들도 이 색의 옷을 입었습니다. 『성경』에 나오는 선한 사람들이 선택하는 '좁고 험한 길'도 이 색입니다.

한편 Gray 컬러는 노인의 색이라고도 하는데 특히 서양의 경우 금발이건 흑발이건 사람들은 나이가 들면 머리카락이 회색이 되기 때문일 것입니다.

✅ 회색분자

Gray 컬러는 가장 은밀한 색이며 심리학적으로 가장 파악하기 어려운 색이기도 합니다.

흑도 백도 아닌 이 색은 속을 알 수가 없는 색으로서 어떤 생각을 하고 있는지 알 수가 없습니다. 흰색도 검은색도 아닌 사람이라는 의미로, '회색'이라는 은유를 사용하여 줏대가 없고 어떤 이슈에 대하여 확실한 경향성이 없는 사람을 회색분자라고 말하기도 합니다.

이것은 기회주의자로 보여질 수도 있고 한편으로는 처세술이 좋은 사람으로 볼 수도 있습니다. 세상을 꼭 흑이냐 백이냐로 구분할 필요는 없습니다. 세상에 진리는 정해진 것이 아닙니다.

우리가 흑이라고 알고 있던 것이 백일 수도 있으며 백이라고 믿었던 것이 흑일 수도 있습니다. 때로는 그런 것에 선입견 없이 바라보는 것이 필요하기도 합니다.

✅ 짙은 안개의 색

안개, 비, 먹구름, 그림자는 Gray 컬러입니다.

타로에서 Gray 컬러는 짙은 안개로 한치 앞도 보이지 않는 길을 걸어가고 있다고 생각하면 됩니다.

짙은 안개가 낀 길을 걸어가려면 앞이 보이지 않기 때문에 앞에 무엇이 기다리고 있을지 알 수가 없고 깝깝하고 답답한 상황입니다.

빨리 갈 수가 없기 때문에 한발 한발 더디게 심사숙고하며 걸어갈 수 밖에 없습니다. 하지만 안개는 영원하지 않기 때문에 포기하지 않고 한발 한발 걷다 보면 어느 순간 사라지게 됩니다. 조금 더디게 진행되겠지만 그래도 길은 있습니다.

☑ 타고 남은 재

타고 남은 재는 Gray 컬러입니다. 이미 타버린 것은 이미 지나가고 사라진 것이라 할 수 있습니다.

흑백 사진이나 흑백 영상의 색이기도 합니다. 흑백 사진은 오래된 느낌을 주는데 영화에서 과거의 장면을 회상할 때 흑백 영상으로 표현하기도 합니다.

한편 Gray 컬러는 근대화의 색이기도 합니다.

1960년대 갑작스레 밀려온 인구를 감당하기 위해서 대량 생산이 가능해 경제적으로 저렴한 재료를 사용하여 획일적으로 건물을 지었습니다.

지금은 건물에 여러 색을 입히고 있지만 한때는 도시의 콘크리트 도로와 건물들이 회색이였습니다.

⟡ Gray 컬러의 성격

☑ 성실한 사고방식으로 항상 균형을 유지하는 사람입니다.

☑ 자기 자신을 다 들어내 보이지 않습니다.

☑ 도리에 맞게 살아가려는 타입으로 뛰어난 경영능력을 지니고 있습니다.

☑ 현모양처의 배우자감을 원합니다.

☑ 지적이며 뛰어난 비지니스 능력을 지니고 있습니다.

☑ 세련된 취미생활을 즐기는 사람입니다.

☑ 소극적이지만 진중(鎭重)하게 사리(事理)에 대처하는 사람입니다.

☑ 사회나 사람을 위한 헌신을 아끼지 않고 전력을 다하는 사람입니다.

☑ 매사 조심스럽고, 자신이 마주치는 대부분의 상황에서 타협을 원합니다.

☑ 평화주의자 입니다.

☑ 불필요한 관계를 미리 예방하고 자기방어적인 모습이 있습니다.

☑ 차분하게 상대방의 말을 듣고 이해하려고 노력하지만 관여하고 싶어
하지 않습니다.

☑ 자기비판적이며 홀로 일을 처리하려 합니다.

연애운에서 긍정적인 유니버셜 웨이트타로와 나오든 부정적인 유니버셜 웨이트타로와 나오든 그레이색이 나왔다면 좋은 상황은 아닙니다. 짙은 안개속을 걷고 있는 마음으로 깝깝하고 답답하기만 합니다.

어떤 유니버셜타로가 나왔느냐에 따라서 어떤 문제로 깝깝하고 답답한지를 파악하면 됩니다.

지금처럼 Cup 카드와 그레이가 나왔다면 서로 마음이 통하지 않고 대화도 잘 통하지 않는 모습입니다. 상대방에게 질문을 해도 상대방은 자신의 이야기를 잘 하려 하지 않습니다.

마치 벽에 대고 이야기하는 마음입니다.

시간이 지나면 나아지지 않을까 생각하지만 시간이 지나도 크게 좋아지지는 않습니다. 그렇다고 상대방이 나를 좋아하지 않는 것은 아닙니다. 하지만 표현을 하지 않기 때문에 상대방의 진심을 알기 어렵습니다.

이 카드 배열 뒤에 긍정적인 카드들이 나온다면 안개 걷히는 모습입니다. 하지만 부정적인 카드들이 배열된다면 지금의 이런 문제로 인해 더욱 안 좋아지는 상황입니다.

'애인을 만날 수 있을까요?'란 질문이라면 이 기간 동안은 만나기 어렵습니다. 이 기간에 만날 기회가 생기더라도 그 사람은 만나지 않는 것이 좋아 보입니다. 지금 만나는 사람은 나에게 행복을 주기보다는 상처를 줄 가능성이 있고 그의 말을 곧이곧대로 믿어서는 안됩니다.

조금 더 시간이 지나면 좋은 인연을 만날 기회가 올 수 있으니 그때까지 연애는 잠시 잊고 지내는 것이 좋아 보입니다.

🔮 Gray 컬러의 금전운

금전운에 그레이색이 나왔다면 좋은 상황은 아닙니다.

돈이 다 타버리고 재만 남았습니다.

과거에는 돈이 있었을지라도 절제하지 못한 소비로 인해 지금은 다 쓰고 없습니다.

하고 싶은 금전 활동이 있지만 어떻게 해야 할 지 앞이 보이질 않습니다.

조금만 더 노력하면 좋아질 것처럼 보이지만 쉽게 좋아지지는 않습니다.

하지만 안개가 걷히듯 포기하지 않고 성실하게 노력하다 보면 좋은 날이 올 것입니다.

지금은 무엇을 하기보다는 절제하며 기다려야 할 때입니다.

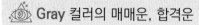

매매운에서 그레이 카드가 나왔다면 매매가 이루어지기 어려운 상황입니다.

쉽게 매매가 이루어지지 않다보니 깝깝하고 답답합니다.

지금의 상황으로 매매가 어려우니 조건을 변경한다거나 변화가 필요합니다.

합격운에서도 지금의 상황으로 흘러간다면 합격이 힘든 상황입니다.

매매운과 마찬가지로 지금의 상황으로는 힘드니 공부 방법을 바꾸든 변화가 필요합니다.

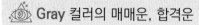
사업운에서 회색이 나왔다면 지금 사업이 좋지 않은 상황입니다.

이도저도 못하는 상황으로 막막하기만 합니다.

조금만 하면 될 것 같은 마음에 사업을 접기에도 애매하고 계속하자니 쉽게 나아지지는 않습니다. 사업을 해도 괜찮을까요? 라는 질문이라면 지금은 좋지 않은 상황이니 안 하는 것이 나을 것 같습니다.

Gray 컬러의 진로 적성

그레이는 학문의 색으로서 학문 쪽이나 종교 쪽이 어울립니다.

• 교수, 학자, 지식인, 종교인, 상담가 등

 Gray 컬러의 건강운

그레이는 건강 문제로 답답한 마음을 가지고 있거나 초기 암과 관련이 있습니다.

• 피부암, 갑상선암, 치료가 가능한 초기 암
• 다친 곳이나 아픈 것이 쉽게 나아지지 않을 때 등 건강 문제로 답답한 마음일 때

무지개색 Rainbow

Rainbow

66

기분좋은 날의 약속

✒️ 키워드

극복, 변화, 신뢰, 신비로움, 희망, 순리, 행복, 기쁨, 약속,
순환, 행운, 신의 축복, 인연, 복, 임신, 균형, 즐거움,
아름다움, 평화, 연결다리, 성소수자, 화려함

Rainbow의 특성

☑ 신의 약속

『성경』에서 창세기에 따르면 인간의 타락은 하나님의 심판을 가져왔습니다. 대홍수 후에 하나님은 노아와 그의 후손들과 언약을 맺으셨고 다시는 온 땅에 홍수가 나지 않겠다고 약속하셨습니다.

무지개는 이 언약의 표징으로 세워졌습니다. 초대 그리스도교 찬가에서는 성모를 '하늘의 아름다운 무지개'라 노래했으며, 하느님과 인간을 이어주는 '무지개 다리'라고 칭송했습니다.

중세시대 성화(聖畵)에서도 무지개는 그리스도와 연관을 가지며 주님의 영광스러운 다스림을 표현하는 표본이 되어 왔습니다.

☑ 신화 속 무지개

예술과 문학에서 아이리스는 무지개를 타고 다니거나 이동 수단으로 사용하는 무지개 옆에 자주 묘사되었는데 무지개의 여신 아이리스는 신과 인간의 연결을 상징하며 소통과 상호 작용의 통로 역할을 합니다.

아이리스는 신과 인간 사이에 메시지를 전달하는 중요한 역할을 했습니다. 그녀의 주요 임무는 올림픽 신들의 명령과 의지를 여러 장소에 전달하는 것이었고, 무지개를 따라 여행함으로써 그녀의 다채로운 길로 묘사되었습니다.

다양한 이야기에서 그녀의 존재와 무지개의 묘사는 그리스 신화의 풍부한 이야기에 신비로움과 경이로움을 더했습니다.

여러 신화에서 무지개는 신(神)에 의해 만들어진 다리로 하늘과 땅을 이어주는 통로로 여겨졌습니다.

북유럽 신화에서는 이 무지개 다리가 거인이나 악의 군대가 하늘 나라를 공격하는 통로로 쓰여져 무너져 내리고 이 세계가 끝이 난다고 합니다.

북아메리카의 원주민을 비롯해 캐나다 북서부에서 멕시코까지 다양한 문화에서 무지개를 다리로 생각했습니다.

북아메리카 원주민인 푸에블로족과 나바호족은 그들의 조상이 매년 겨울이 되면 무지개 다리를 타고 건너와 그들 곁에 머무른다고 믿고 있습니다.

또 많은 문화권에선 무지개를 뱀으로 보기도 합니다. 고대 이집트에서는 '메헨'이라고 불리는 뱀 모양의 문양과 함께 색칠된 원호 모양이 자주 등장하는데 파란색과 빨간색의 안료 흔적은 무지개의 색을 연상시킵니다.

오스트레일리아 원주민들은 남녀 양성을 가진 '무지개뱀'이 세계를 창조했다고 믿었는데 물과 풍요를 담당하고 주술사들에게 능력을 준다고 믿고 있습니다.

아프리카 서해안의 요르바족은 무지개가 땅속에 사는 큰 뱀이 물을 마시기 위해서 하늘에 나타나는 것이라고 믿었습니다.

북아메리카 전설 중에는 거대한 뱀이 나이아가라 폭포에서 떨어지는 물살에서 나와서 승천한다고 하는데 바로 무지개를 일컫는 말입니다.

남아프리카 원주민들 사이에서는 한 소녀가 조그만 물뱀을 잡아 길렀는데 이 물뱀이 거대하게 자라나 인간을 잡아먹으며 세상을 돌아다녔습니다. 새들이 힘을 합해 이 뱀을 죽였는데 그 피가 깃털에 묻어 새들은 그때부터 저마다 다른 빛깔로 구분되게 되었다는 것입니다.

무지개를 불길한 징조로 생각하기도 했는데 북아메리카에서는 다코타족과 호피족 등 사이에서는 무지개를 손가락으로 가리키는 것이 금기로 되어 있으며 유럽에서는 무지개 밑을 지나가면 남녀의 성이 서로 바뀐다는 전설이 있으며 루마니아에서는 무지개의 양 끝에 닿아 있는 물을 마시면 남녀의 성이 바뀐다고 합니다.

한국에서는 '서쪽에 무지개가 나타나면 소를 강가에 매지 말라'는 속담이 있는데 이것은 서쪽에 무지개가 나타나면 서쪽에 비가 내리고 있다는 것으로 시간이 조금 지나면 다른 쪽에도 비가 내릴 가능성이 크기 때문에 우리 선조들은 무지개를 보고 홍수를 예측했던 것입니다.

또 선녀들이 깊은 산속 맑은 계곡에 목욕하러 무지개를 타고 지상으로 내려온다는 전설이 있습니다.

☑ 색의 조화

무지개는 비 온 뒤에 개었을 때나 비가 오기 직전 태양을 등지고 섰을 때 볼 수 있는 둥그런 띠로서 빨간색, 주황색, 노란색, 초록색, 파란색, 남색, 보라색이 있으나 다른 나라에서는 무지개의 색을 다르게 분류하기도 합니다.

가시광선 영역 안에서 존재할 수 있는 색들이 혼합되어 펼쳐진 것으로서 크게 따지면 일곱 색으로 분류하였지만 사실은 그 사이사이의 무수히 많은 색이 존재합니다.

무지개가 일곱 색이라고 알려지게 된 건 1666년 영국의 과학자 아이작 뉴턴이 스펙트럼 실험으로 찾아낸 색을 기반으로 '도레미파솔라시'의 7음계에 따라서 색을 나누었다는 이야기가 정설로 알려져 있습니다.

무지개의 색들은 서로 조화를 이루며 모일수록 아름다움을 연출합니다.

이 일곱 가지의 색들은 서로 간의 균형을 맞추고 있으며 순리에 맞게 다음의 컬러로 부족하거나 남김없이 자연스레 전달하고 있으며 완벽한 조화를 이루고 있습니다.

'차크라'는 산스크리트어로 원 또는 원반을 뜻합니다. 차크라는 일종의 인간 몸속의 에너지 원으로서 신체적, 정신적으로 몸에 흐르는 에너지의 흐름을 조절하는 역할을 하며 생기가 흐르도록 도와주는 균형점입니다. '차크라'는 척추를 따라 정수리까지 이어지며 이 길을 '아바두티'라고 부릅니다.

☑ 물라다라 차크라

회음부와 항문 사이에 위치하고 있으며 빨간색입니다.

내면의 힘으로서 인간의 몸의 가장 근원적인 균형과 안정을 담당하는 곳으로 알려져 있습니다. 이 에너지가 부족하면 소심해지고 두려움이 커지며 자기 중심적인 사고방식을 지닙니다.

☑ 스와디스차나 차크라

생식기와 배꼽 사이에 위치하고 있으며 주황색입니다.

창의력과 통제력같은 감정과 성적 기능을 담당하는 곳으로 알려져 있습니다.

이 에너지가 부족하면 감정조절과 창조성에 영향을 미치며 불안정한 성
생활을 합니다.

☑ 마니푸라 차크라

배꼽 위에 위치하며 비장, 간, 위와 연결되어 있고, 노란색입니다.

내면의 힘으로서 자신감과 같은 긍정적인 감정을 담당하는 것으로 알려
져 있습니다.

이 에너지가 부족하면 자존감이 낮아지며 스스로 결정을 내리기보단 의
존적인 삶을 살아가게 됩니다.

☑ 아나하타 차크라

가슴 부위에 위치하고 있으며 초록색입니다.

우리 몸의 물질 영역과 정신 영역, 감정과 이성의 사이를 연결하는 것으
로 알려져 있습니다.

이 에너지가 부족하면 소유욕이 강해지고 사람들에 대한 신뢰도가 낮아
진다.

☑ 비슈디 챠크라

목 부위에 위치하고 있으며 파란색입니다.

내 생각과 감정을 표현하고 말하게 해주며 듣고 배우는 것을 관장하는 것
으로 알려져 있습니다. 이 에너지가 부족하면 독선적이거나 오만해질 수
있으며 의사소통에 문제가 생깁니다.

☑ 아즈나 차크라

눈 사이 미간에 위치하고 있으며 인디고색입니다.

직관과 통찰을 통하여 영적 연결성과 의식의 활성화를 관장하는 것으로 알려져 있습니다.

이 에너지가 부족하면 추상적인 세계에 빠질 수 있으며 타인의 단점을 지적하길 좋아하여 원치 않는 상처를 줄 수 있습니다.

☑ 사하스라라 차크라

머리끝 정수리에 위치하며 보라색입니다.

우리 몸의 모든 것을 주관하며 영적인 에너지를 관장하는 것으로 알려져 있습니다.

이 에너지가 부족하면 정서적으로 불안해하며 자기중심적인 사람이 됩니다.

☑ LGBTQ

LGBTQ는 통상적으로 레즈비언, 게이, 양성애(바이섹슈얼), 트랜스젠더를 말하는데 원래 이들의 상징적인 색은 분홍색이었지만 1978년 길버트 베이커가 샌프란시스코 동성애자 자유 기념행사를 위해 무지개기를 디자인하였습니다.

이들의 무지개기는 우리가 아는 무지개와는 조금 다릅니다. 여러 수평선이 겹쳐서 모양을 만드는데 다양한 색의 수평선들은 세계 동성애자들의 자부심, 다양성 및 통합을 상징합니다.

처음에는 8가지 색으로 디자인되었지만 1978년 11월 샌프란시스코에서 동성애자로 커밍아웃을 하고 시의원에 출마해 당선된 최초의 동성애자인 '하비 밀크'가 저격당해 사망하는 사건이 발생하고 엄청난 충격을 받은 게이 단체들은 무너지지 않는 투지를 보여주기 위해 1979년 게이 행진을 하게 되는데 게이 행진 위원회의 제안으로 6개의 줄무늬 무지개를 사용하게 되었습니다.

빨간색은 생명을, 주황색은 치유를, 노란색은 태양을, 초록색은 자연을, 파란색은 예술을, 남색은 조화를, 보라색은 영혼을 의미한다고 합니다.

☑ 고생 끝에 낙

하나님이 대홍수로 인간을 심판한 후에 무지개를 띄우셨듯이 무지개는 통상적으로 비가 온 뒤 나타납니다.

타로에서 무지개색이 나왔다면 어려움을 겪고 난 뒤에 좋아질 수 있다는 것입니다.

이것은 처음의 어려움을 극복하면 미래에는 무지개 세상을 만날 수 있다는 약속의 증표이기도 합니다. 과거에 어려움을 겪든, 현재에 어려움을 겪든 지금의 어려움을 극복한다면 미래에는 좋아질 수 있습니다.

Rainbow 컬러의 성격

✅ 매력적인 사람으로 인기가 좋습니다.

✅ 특출난 재능은 없지만 다재다능한 사람입니다.

✅ 환경에 따라 대처할 수 있는 적응력이 좋습니다.

✅ 신용을 중요하게 생각하고 중용을 지킵니다.

✅ 모나지 않고 포용력이 있습니다.

✅ 모범적인 사람으로 정직합니다.

✅ 사교적이며 혼자서 외톨이로 지내는 것을 싫어합니다.

✅ 인정이 많고 유쾌한 사람입니다.

✅ 남들 앞에 나서는 것을 좋아하지는 않습니다.

✅ 다방면에 재능이 있으며 여러 가지를 한 번에 하길 좋아합니다.

✅ 디자인 센스가 있으며 미적 감각이 있습니다.

✅ 집중력이 부족할 수 있으며 끈기가 부족할 수 있습니다.

연애운에서 레인보우 카드가 나왔다면 과거나 현재에 두 사람에게 큰 위기가 있었을 것입니다. 그렇지만 그 위기만 잘 넘어간다면 미래에는 아름다운 만남을 하게 될 것입니다.

미래에 대한 신의 약속의 카드입니다. 다시는 둘의 관계를 심판하지 않을 것이며 무지갯빛 미래를 만들어 줄 것입니다. 곧 결혼할 수 있으며 결혼한 부부라면 아이를 가지게 될 것입니다. 애인을 만날 수 있을까요? 질문이라면 지금 당장은 아니지만 미래에는 좋은 사람을 만나 행복해질 수 있습니다. 비 오는 날 만날 가능성이 있으며 나와 다른 성향의 사람이지만 서로 잘 어울리며 서로에게 좋은 만남입니다.

레인보우 카드가 위 카드처럼 배열되었다면 힘든 일이 있었고 현재 상황이 어렵지만 서서히 나아질 것이며 미래에는 원하는 것을 얻을 수 있습니다.

빌려준 돈이 있다면 조금씩 나누어서 받게 될 것이고 투잡이나 쓰리잡을 하고 있다면 아직은 어려움이 있지만 곧 좋아질 것입니다.

장사를 하고 있다면 한가지의 메뉴보다는 다양한 메뉴로 하는 것이 도움이 될 것입니다.

레인보우 카드가 매매운에서 나왔다면 한번 거래가 틀어졌던 사람과 매매가 다시 성사될 수 있으며 그 사람이 아니더라도 좋은 조건에서 매매가 이뤄질 것입니다.

합격운이라면 과거에 떨어졌던 경험이 있거나 모의고사에서 좋지 않은 성적으로 걱정을 하고 있겠지만 이번 시험에는 합격될 가능성이 큽니다. 혼자공부하기보다는 주변 사람들과 함께 준비하고 도움을 받을 수 있다면 더욱 좋습니다.

Rainbow 컬러의 사업운

사업 운에서 레인보우 카드가 나왔다면 과거나 현재에는 어려움이 있었겠지만, 문제들은 해결되고 서서히 좋아질 것입니다.

거래처와 문제가 있었다면 다시 원만하게 해결될 것이며 막혀있던 자금줄도 곧 해결될 것입니다.

사업의 아이템은 다양할수록 좋으며 다양한 사람들을 대상으로 하는 사업도 좋습니다. beauty 업종이나 다문화 업종도 좋습니다.

Rainbow 컬러의 진로 적성

이 색은 신뢰를 바탕으로 한 직업이나 미(美)적 재능을 살리는 진로 적성이 좋아 보입니다.

- 변호사, 컨설턴트, 연예인, 디자이너, Beauty 산업, 미용사, 개그맨, 연예인, 인권 운동가 등

Rainbow 컬러의 건강운

과거에 병이 있었으면 현재 회복된 상태이며 현재 병이 있다면 서서히 회복될 것입니다.

잔병은 있을 수 있으나 큰 병은 없습니다.

다채색 Various

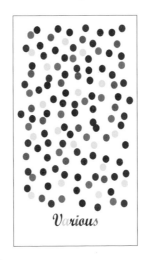

Various

 키워드

다양함, 호기심, 산만하다, 미완성, 흥분,
분석, 총합, 혼합, 발표, 통찰력,
흩어진다, 불특정다수, 이사

 **Various의 특성**

Various는 다양하다는 뜻을 가진 다채색을 의미합니다.
세상에는 다양한 다양성이 존재합니다.

✓ 인구학적 다양성
인구학적 다양성에는 연령, 성별, 인종, 민족, 성적 취향 및 신체적 능력
과 같은 차이가 포함됩니다.

✓ 문화적 다양성
문화적 다양성에는 문화적 배경, 전통, 언어, 관습 및 종교적 신념의 차이
가 포함됩니다.

✓ 인지적 다양성
인지적 다양성은 사고 방식, 문제 해결 방식 및 인지 능력의 차이를 포함
합니다.

✓ 기능적 다양성
기능적 다양성은 개인이 그룹 내에서 보유하고 있는 기술, 전문성 및 지
식의 다양성을 의미합니다.

✓ 세대 다양성
세대 다양성은 베이비 붐 세대, X 세대, 밀레니엄 세대 및 Z 세대, MZ세
대 같은 세대 간의 차이를 나타냅니다.

☑ 사회경제적 다양성

사회경제적 다양성은 소득, 교육 및 사회적 지위의 차이를 나타냅니다.

☑ 신경 다양성

신경 다양성은 자폐증, ADHD 및 난독증과 같은 상태를 포함하여 다양한 신경학적 차이를 나타냅니다.

☑ 인생 경험의 다양성

인생 경험의 다양성 개인의 도전, 성공, 문화적 노출과 같은 인생 경험의 차이를 나타냅니다.

☑ 환경적 다양성

환경적 다양성은 태어나거나 자란 환경과 지리적 특성의 다양성을 나타냅니다.

☑ 정치적 및 이데올로기적 다양성

정치적 신념, 가치 및 이데올로기의 차이를 나타냅니다.
그리고 다양한 호기심을 느끼고 있습니다.

Rainbow 컬러는 이러한 다양성이 모일수록 서로 화합하고 조화를 이루는 모습이지만 Various는 이러한 다양성이 조화를 이루기보다는 서로 각자 개성을 드러내며 흩어지는 모습입니다.

Various는 무질서한 모습으로 혼돈의 세계에 비유할 수 있으며 터져버리는 불꽃의 컬러라 할 수 있습니다. 또한 이 컬러는 어느 것에도 구속받지 않는 자유로운 영혼이며 깃털처럼 가벼운 인간의 모습이기도 합니다.

Various 컬러의 성격

- ☑ 매사에 호기심이 많은 사람입니다.
- ☑ 다양한 취미생활을 즐기며 생활합니다.
- ☑ 끼와 재능이 있습니다.
- ☑ 자유로운 영혼의 소유자이며 구속받는 것을 싫어합니다.
- ☑ 나이보다 젊어 보입니다.
- ☑ 신경이 예민한 사람입니다.
- ☑ 다양한 친구들을 사귀며 고정관념이 없습니다.
- ☑ 집에 있기보다 밖에 나가길 좋아합니다.
- ☑ 하나에 집중하지 못하며 끈기가 부족합니다.
- ☑ 화려한 것을 좋아합니다.
- ☑ 어떤 일이든 벌려놓길 잘하지만, 마무리를 잘하진 못합니다.

◈ Various 컬러의 연애운

연애운에서 Various 컬러가 나왔다면 좋은 상황은 아닙니다.

연애를 한다면 서로 만나야 하고 조화를 이루어야 하지만 서로 다른 생각을 하며 흩어지는 모습입니다. 한 사람에게 집중하지 못하고 자유분방한 사람으로 바람기가 있거나 두 사람이 만나는 데 있어서 여러 가지 문제점이 존재합니다.

애인을 만날 수 있을까요? 란 질문이라면 만나기 어렵습니다. 이런 사람 저런 사람을 만나고 싶고 만나서 이것저것 하고 싶은 것도 많지만 생각만 많고 실체가 없습니다. 애인을 만나기에는 여러 가지 문제들이 복합적으로 존재하고 있으며 너무 많은 생각들이 만남을 방해합니다.

⟁ Various 컬러의 금전운

금전운에서 Various가 나왔다면 돈이 모이는 것이 아니라 흩어지는 것입니다. 손해 보지 않고 지키고 싶지만 여기저기 사방팔방으로 돈이 흩어지고 있습니다. 돈을 벌고 싶은 마음도 있고 돈을 벌기 위해 여러 가지 구상을 하지만 실천력이 부족하여 실행에 옮기지는 못합니다.

⟁ Various 컬러의 매매운, 합격운

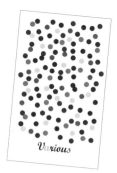

Various가 매매운에서 나왔다면 여러 사람들이 매매에 관심을 보이지만 쉽게 매매가 이루어지지 않습니다. 나와 생각이 다르고 합의점을 찾기 어

렵습니다. 매매가 이루어지지 않는 이유는 다양하며 매매를 포기하고 싶은 마음이 듭니다.

합격운이라면 그동안 여러 가지 생각들로 시험에 집중하지 못한 모습으로서 합격하기 힘들어 보입니다.

불합격의 이유는 집중력이 부족한 것이 가장 큰 원인이며 아직 시험까지 시간이 남아있다면 이제부터라도 집중해야 할 것 같습니다.

Various 컬러의 사업운

사업이 불안불안합니다. 지금의 상황으로는 사업을 그만두게 될지도 모릅니다. 여러 가지 문제들이 복합적으로 나타나고 있으며 동업자나 거래처와 마음이 맞지 않습니다.

여러 가지 아이템이라면 하나의 아이템에 집중하는 것이 좋으며 투잡이나 쓰리잡을 하고 있다면 하나에 집중하는 것이 좋아 보이며 단순하게 생각하는 것이 좋아 보입니다.

Various 컬러의 진로 적성

이 색은 끼와 재능을 발휘하는 직업이나 많은 사람과 어울리는 직업이 좋습니다.

- 연예계, 디자인, 예체능, 사진작가, 기획, 여러 사람 상대하는 일, 다문화 관련업

Various 컬러의 건강운

• 피부질환(아토피나 각종 알레르기 등), 잔병

황토색 Ocher

Ocher

“ 평안한 안정감 ”

 키워드

법, 원리원칙, 실용, 구체적, 경험, 남성적, 고집, 보수, 계약,
커플, 짝, 안정감, 편안함, 고집, 끈기, 두뇌가 좋다,
농경, 자연, 순응성, 부, 권위, 신용

📖 Ocher의 특성

☑ 안정감과 편안함

황토는 선사 시대 사람들이 만든 동굴 벽화와 암벽화의 안료로 사용되었습니다. 이 색으로 일상생활, 동물 및 상징적 표현의 장면을 묘사했습니다. 황토는 역사적으로 다양한 사회에서 예술적, 문화적, 실용적인 목적으로 사용되어 온 다재다능하고 역사적으로 중요한 흙 색소입니다. 땅은 언제나 우리 곁에 존재합니다. 인간이 있는 곳엔 어디든지 땅이 있기에 인간에게 편안함과 안정감을 줍니다. 땅 위에 집을 짓고 땅 위를 걸어 다니며 땅 위에 농작물을 심었습니다.

☑ 다재다능

조선조 왕실에서 내관(內官)으로 평생 동안 일한 이재우(李載祐 1884-1963) 낭청(郎廳)으로부터 왕실에서 실제로 시행되었던 식사법과 치병술을 통한 양생법을 담고 있는 왕실양명술(王室養命術)에 따르면 뒷날 세상 사람들을 구하는데 황토가 큰 힘을 발휘할 것이라고 예언하고 있습니다. 세종은 온천을 개발하여 눈병 등을 치료했고 세조는 왕과 왕자들이 피로할 때 쉴 수 있도록 3평 정도의 황토방을 궁내에 만들어 피로 회복실로 사용했다고 합니다.

인간에게 이로운 미생물이 살아있어 예로부터 황토를 '살아 있는 생명체'라 불러왔는데 황토에는 동식물의 성장에 꼭 필요한 '원적외선'을 다량 뿜어내고 있습니다.

우리의 전통 식품인 된장, 간장, 고추장 등은 황토옹기에 담아 발효시키는데 황토옹기는 강력한 제독 작용을 하여 음식의 독성을 제거하고 숨구

멍이 있어서 저장된 음식이 오래되면 나쁜 기를 밖으로 밀어내 고유의 영양가를 유지, 보존합니다. 황토 아궁이에 불을 지피며 부엌일을 하던 옛 여인들에게 자궁암, 유방암이 없었으며 배가 아프면 황토로 구운 기왓장을 달구어 배위에 올려놓는 민간요법을 즐겨 사용하였다고 합니다. 또한 복어 독에 중독되었을 경우 오동잎, 비파잎, 뽕잎, 박하잎 등을 바닥에 깐 후에 눕게 하여 황토로 몸을 덮어 하룻밤을 보내게 하면 치료되었다고 합니다. 이 밖에도 황토는 화상치료제로도 사용되었으며 파리나 기타 곤충이 접근을 못하도록 하여 식품이 오래되어도 쇠파리나 구더기 등이 생기지 않도록 한다고 합니다.

☑ 음양의 조화

음양 사상은 동양 문화에서 상당히 중요한 덕목인데 예로부터 "사람은 하늘의 기운과 땅의 기운을 받아서 살아간다"라고 했습니다. 양의 기운을 가진 하늘과 음의 기운을 가진 땅이 조화와 균형을 이루어야 한다는 것입니다.

황토로 지은 집은 황토 속의 원적외선이 몸 속에 침투하여 열을 만들고 이 열은 우리 몸의 문제를 일으키는 세균을 제거하고 혈관을 확장시켜 혈액순환과 세포 생장에 도움을 주어 세포 성장을 활성화시켜 인간을 이롭게 합니다.

하지만 1970년대 새마을 운동의 일환으로 경제개발 계획을 추진하면서 고층주택과 사무용 빌딩을 짓기 위해 흙집은 사라지고 철근과 콘크리트를 이용한 주택이나 건물이 주류를 이루게 됩니다. 하지만 경제가 어느 정도 안정되며 다시 건강이 화두로 떠올랐고 황토는 가장 친환경적인 요소로서 주목받기 시작했습니다.

사우나의 황토방은 언제나 인기인데 황토방에 들어가 땀을 흘리고 나면 개운함을 느낄 수 있습니다. 황토는 입자가 곱고 산소를 많이 함유하고 있으며 황토가 뿜어내는 원적외선은 열을 만들어 혈액순환과 세포 성장을 활성화시키고 신진대사를 돕기 때문에 혈액순환과 신진대사를 촉진하고, 불면증과 피로회복에 도움을 주며, 특히 질병 치료에 다양한 방식으로 효과를 나타낼뿐더러, 나아가 노화 지체에 도움을 줄 수 있다는 것으로 알려져 있습니다.

☑ 비옥함

어머니의 푸근함에 비유되는 땅은 만물을 소생케 하는 근원이고 기름진 땅과 비옥한 곡식은 풍요의 상징이기도 합니다. 비옥함을 상징하는 벼와 밀은 이 색입니다.

땅이 있어야 집을 짓고 편안한 생활을 할 수 있으며 땅이 있어야 농작물을 심고 수확을 통하여 경제적 안정을 취할 수 있습니다.

땅을 많이 소유하고 있는 사람을 부호라고 표현하기도 하는데 부호는 재산이 넉넉하고 세력이 있는 사람을 뜻합니다. 땅은 언제나 인간에게 소유욕의 대상이었는데 전쟁도 어찌 보면 땅을 차지하기 위한 싸움이라 할 수 있습니다.

☑ 빠른 전환

Ocher색은 상황에 맞게 가장 빠르게 대처하고 적응하는 유동성이 있는 색입니다.

황토의 색은 봄의 색과 여름의 색, 가을과 겨울의 색이 각기 다릅니다.

봄의 땅은 새 새싹이 자라나고 여름에는 푸르름이 짙어지며 가을에는 꽃이 만발하고 벼와 밀이 익어가며 겨울에는 하얀 눈이 내립니다.

빠르게 적응하고 안정적으로 수확을 거둬들이지만 그 수확량에는 한계가 있는 색이기도 합니다. 즉 쉽게 이루어지고 쉽게 결과물이 나오지만 결과의 크기는 한정적입니다.

🔮 Ocher 컬러의 성격

- ☑ 편안하고 부드러운 이미지입니다.
- ☑ 보수적이고 은근히 고집이 셉니다.
- ☑ 환경에 따라 대처할 수 있는 적응력이 좋습니다.
- ☑ 믿음직스러우며 끈기가 있습니다.
- ☑ 겸손하고 중후한 타입입니다.
- ☑ 말과 행동 모두 조심스럽습니다.
- ☑ 신용을 중요하게 생각하고 중용을 지킵니다.
- ☑ 튀지 않으며 맡은 일을 꾸준하게 처리해 갑니다.
- ☑ 모나지 않고 포용력이 있습니다.
- ☑ 자칫 너무 넓은 마음으로 주변 상황에 쉽게 좌우될 수 있습니다.
- ☑ 다소 게으른 편이며 풍채가 좋습니다.

연애운에서 지금과 같이 나왔다면 현재 연애를 하는 데 있어서 경제적으로 힘든 부분이 있거나 서로 성격상에 차이로 인해 어려움이 있지만 힘든 부분은 곧 해결될 것이며 안정적인 만남을 하게 될 것입니다. 소유욕이나 집착으로 힘들어할 수도 있습니다.

애인을 만날 수 있을까요?란 질문이라면 지금 연애를 하기에 좋은 상황은 아니지만 머지않아 좋은 사람을 만나게 될 것입니다.

생각지 못한 문제가 갑자기 발생하여 헤어질 수 있습니다.

나의 욕심과 집착으로 인해 쉽게 만나고 쉽게 헤어질 가능성이 있습니다.

애인을 만날 수 있을까요?란 질문의 솔로 연애운이라면 당분간은 만나지 않는 것이 좋겠습니다.

지금 만나는 사람은 나를 힘들게 할 것이고 나의 이미지만 안 좋아 질 뿐입니다.

 ## Ocher 컬러의 금전운

Ocher는 그때그때 대처가 잘 이뤄지고 쉽게 결과가 나오지만 그 결과는 한정적입니다.

긍정적인 유니버셜 웨이트타로와 나온다면 큰돈을 벌지는 않지만, 안정적이며 큰 어려움이 없습니다. 하지만 부정적인 유니버셜 웨이트타로와 나온다면 오히려 안정감이 없는 것으로서 경제적인 어려움을 나타낼 수 있습니다.

빌려준 돈이 있다면 곧 받게 될 것입니다. 부동산과 관련된 금전운이 있을 수 있습니다.

Ocher 컬러의 매매운, 합격운

긍정적인 유니버셜 웨이트타로와 나온다면 곧 큰 이득은 아니지만 손해는 보지 않으며 안정적인 가격에 매매가 이뤄질 것이고 부정적인 유니버셜 웨이트타로와 나온다면 만족스러운 가격에는 매매가 이루어지기 힘이 듭니다.

합격운이라면 Ocher 색만 놓고 본다면 긍정의 의미가 강하지만 유니버셜 웨이트타로와 같이 사용할 경우 유니버셜 웨이트타로의 긍정부정 유무가 합격 불합격에 큰 영향을 끼치기 때문에 유니버셜 웨이트타로의 긍정부정 유무를 파악하는 게 필요합니다.

 ## Ocher 컬러의 사업운

Ocher의 사업운 대규모의 큰 사업이기보다는 동네 음식점이나 슈퍼와 같은 작은 규모의 사업입니다. Ocher는 같이 보는 유니버셜 웨이트타로의 긍정부정 유무를 통해 사업의 안정성을 평가할 수 있습니다. Ocher 색만 놓고 본다면 긍정의 뜻이 강합니다.

 ## Ocher 컬러의 진로 적성

이 색은 작은 규모의 자영업이나 건설, 부동산, 땅과 연관된 직업이 어울립니다.

- 건설, 토목, 부동산, 농업, 인테리어, 건강에 관련한 생명, 바이오산업

Ocher 컬러의 건강운

기본적으로는 건강한 컬러입니다.

- 대장질환, 독에 의한 감염

구리색 Copper

Copper

> **" 나는 교류한다 "**

 키워드

화폐, 연결, 통한다, 에너지, 역동성, 혈액, 계몽,
발전, 동력, 교감, 교류, 거래, 외국, 안정감,
편안함, 융통성, 동력, 전기

👁️ Copper의 유래

☑️ 열전도체

Copper 컬러는 전도체의 구리를 나타내는 색입니다.

구리Cuivre/Copper라는 말은 그리스 신화에 의하면 광물자원이 풍부한 키프로스 Cyprus섬의 이름에서 비롯되었다고 합니다.

구리는 인류가 사용한 가장 오래된 알려진 금속 중 하나입니다. 약 10,000 년 전에 도구, 장신구와 도구를 만들기 위해 처음 사용되었습니다.

Copper의 가장 큰 특징은 전기와 열을 잘 전달하는 뜨거운 전도체의 컬러라는 것입니다. 전도체인 구리는 매우 잘 늘어나고 펴지는 특성이 있습니다. 그래서 활발하고 스테미너가 넘쳐납니다.

구리의 색은 가시광선 중에서 빨간색과 주황색만 반사하고 다른 색은 흡수하는 성질 때문에 붉은 빛을 띕니다. 붉은 기운이 많이 들어가 붉은색의 활발함이 느껴지며 광물로서 광물의 안정감이나 편안함을 동시에 줍니다.

☑️ 다재다능

구리는 독특한 특성과 다재다능함으로 인해 수천 년 동안 인간에 의해 사용되었습니다.

아주 오래전 이집트와 로마와 같은 고대 문명에서는 구리를 건축 목적, 예술 및 주화에 광범위하게 사용했습니다.

높은 전도체로서 전기 배선 및 송전선은 물론 모터, 변압기 및 발전기와 같은 전기 부품 생산에도 널리 사용됩니다. 또한 열전도율이 우수하여 열교환기, 라디에이터 및 다양한 냉각 시스템에 사용됩니다. 구리는 특성을 향상시키기 위해 종종 다른 금속과 합금됩니다. 황동은 구리와 아연의 합금이고 청동은 구리와 주석의 합금입니다. 이러한 합금에는 고유한 특성과 용도가 있습니다. 구리는 부식이나 침식을 잘 견디는 내식성이 우수하여 배관 시스템, 지붕재 및 옥외용으로 적합합니다. 그리고 구리에는 천연 항균 특성이 있는 것으로 밝혀져 의료 환경에서 감염 확산을 줄이기 위해 사용되었습니다.

또한 구리는 기계, 차량 및 전자 장치 생산을 포함하여 광범위한 산업 응용 분야에 사용됩니다. 구리 및 구리 합금은 역사적으로 동전 주조에 사용되었습니다.

예를 들어 미국 페니는 최근까지 주로 구리로 만들어졌습니다. 외부의 충격에 깨지지 않고 늘어나는 가단성이 좋고 매력적인 색상으로 인해 예술 및 장식 목적으로 인기 있는 재료로서 조각품, 건축 세부 사항 및 기타 예술 작품을 만드는 데 사용되었습니다.

이렇듯 구리는 현대 기술, 인프라 및 일상 생활에 기여하는 다양한 산업 및 응용 분야에서 계속해서 귀중하고 필수적인 소재입니다. 고유한 속성 조합으로 인해 풍부한 역사와 유망한 미래를 지닌 다재다능한 요소입니다.

☑ 통하다

Copper 컬러에서 알아야 할 것은 열이 왔다 갔다 하듯이 서로 통한다는 것입니다. 이것은 커뮤니케이션과 연관이 있습니다. 커뮤니케이션은 인간의 상호 작용, 이해, 협력 및 사회 기능에 필수적입니다.

다양한 방법과 매체를 사용하여 개인이나 그룹 간에 정보, 아이디어, 생각 또는 감정을 교환하는 과정입니다. 이것은 개인 및 직업적 맥락 모두에서 중요한 역할을 합니다.

살면서 사랑하는 사람과 마음을 주고받고 물건을 받고 돈을 지급하며 노력을 했을 때 원하는 것이 이루어지는 것등 컬러타로에서 Copper의 커뮤니케이션의 종류는 다양합니다.

또한 구리는 99%를 외국에서 수입하고 있으며 이는 해외와 연관이 있다 할 수 있습니다.

👁 Copper 컬러의 성격

⌀ 건강하고 쾌활함이 넘칩니다.

⌀ 뜨거운 열정을 지니고 있으며 마음먹은 일은 즉시 행동하는 타입입니다.

⌀ 고집스러운 듯 보이나 남의 말을 잘 듣습니다.

⌀ 소통을 중요시하며 이야기 주고 받기를 좋아합니다.

⌀ 사교적이며 개방적인 성격을 가지고 있습니다.

⌀ 다른 사람의 이야기를 잘 들어주며 인기가 좋습니다.

⌀ 인정이 많으며 유쾌합니다.

⌀ 감정의 기복이 있습니다.

⌀ 집에 있기보다 밖에 나가기를 좋아합니다.

⌀ 단조로운 일에는 금방 싫증을 느낄 수 있습니다.

⌀ 매사에 적극적인 성격이며 어디서든 잘 어울립니다.

⌀ 적극적이며 긍정적인 마인드를 지녔습니다.

Copper 컬러의 연애운

연애운에서 Copper가 나왔다면 남녀 간에 커뮤니케이션과 연관이 있습니다. 이 색은 같이 보는 유니버셜 웨이트 타로의 길흉에 따라서 해석이 달라집니다.

지금과 같이 긍정적인 유니버셜 웨이트타로와 나왔다면 서로 열정을 가지고 뜨거운 만남을 가지고 있습니다. 마음이 잘 통하며 육체적이나 정신적으로도 잘 어울립니다. 상대를 위해 적절하게 밀당을 하는 모습이기도 하며 배려심이나 이해심도 좋습니다.

애인을 만날 수 있을까요?란 질문이라면 곧 뜨거운 사랑을 하게 될 것입니다.

좋아하는 사람이 있다면 곧 그 사람과 이어질 것입니다.

부정적인 유니버셜 웨이트타로와 나온다면 서로 소통에 문제가 있다는 것입니다. 서로에 대한 배려심이나 이해심이 적고 말이 잘 통하질 않아 부정적인 상황이 펼쳐진 것입니다.

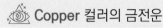 Copper 컬러의 금전운

금전 운에서 Copper가 나왔다면 돈이 들어오면 나가고 들어오면 나가고 하는 것과 같이 큰 이익을 남기지는 못하지만, 금전 유통은 잘되고 있는 모습입니다.

긍정적인 유니버셜 웨이트타로와 나온다면 나가는 돈보다 들어오는 돈이 많은 상태고 부정적인 유니버셜 웨이트타로와 나온다면 들어오는 돈보다 나가는 돈이 더 많은 상황입니다.

Copper 컬러의 매매운, 합격운

매매운에서 Copper가 나왔다면 서로 주고받는 모습이지만 유니버셜 웨이트타로에 따라서 매매의 성사 여부를 확인합니다.

긍정적인 유니버셜 웨이트타로와 나왔다면 내가 생각한 금액으로 매매가 이루어지는 것이며 부정적인 유니버셜 웨이트타로와 나온다면 내가 생각한 금액과 매수자나 매입자가 원하는 금액과 달라 쉽게 거래가 이뤄지지 않는 모습입니다.

Copper 컬러의 사업운

사업에서 Copper는 원활한 자금흐름이나 직원, 거래처와의 소통과 관련이 있습니다.

긍정적인 유니버셜 웨이트타로와 나왔다면 자금흐름이 원활하고 직원이나 거래처와 관계도 좋습니다.

부정적인 유니버셜 웨이트타로와 나온다면 자금흐름이 좋지 않으며 거래처와의 관계에도 문제가 있습니다.

 ## Copper 컬러의 진로 적성

이 색은 전도체의 색으로 전기, 전자 업종과 관련 있으며 유통이나 무역과도 연관이 있습니다.

• 전기, 전자, 유통, 무역, 금융, 부동산, 건설, 운동선수 등

Copper 컬러의 건강운

• 화상, 디스크, 스테미나 부족

고동색 Old Copper

Old Copper

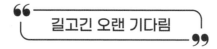

길고긴 오랜 기다림

✒️ 키워드

남성적, 원리원칙, 땅, 가을, 전통, 보수주의,
근검, 절약, 현실적, 토박이, 기술 경험 전통 중시,
안정감, 편안함, 고집, 끈기

🔍 Old Copper 컬러의 특성

☑ 안정감과 편안함

Old Copper 컬러는 짙은 갈색이나 고동색을 의미합니다.

갈색은 광물색의 한 종류로서 우리 주변에서 흔히 볼 수 있는 흙이나 낙엽, 나무 같은 자연물에서 흔히 볼 수 있기 때문에 인간에게 안정감과 편안함을 줍니다. 하지만 Old Copper는 짙은 갈색을 의미하는데 침착하고 주위로부터 흔들리지 않는 곧은 이미지를 풍기지만 고집스러워 보일 수 있으며 고독해 보이기도 합니다. 항상 우리 곁에 있고 변하지 않는 그래서 고집스러운 안정감과 편안함의 색입니다.

☑ 원색 약탈자

Old Copper 컬러는 자신의 개성을 나타내기보다는 주위 환경에 비위를 맞추는 색입니다. 하지만 다른 색을 돋보이게 하기보다는 다른색의 힘을 빼앗는 색으로써 다른 색과 함께 배치되면 다른색을 탁하게 보이게 합니다.

그래서 Old Copper 컬러는 Red와 함께하면 Red의 열정을 약하게 만들고 Blue와 함께하면 Blue의 정신을 흐리게 만들며 Yellow와 함께하면 Yellow의 총명함을 탁하게 합니다.

그러한 이유로 Old Copper는 무덤덤하며 게으른 색이기도 합니다.

'너는 정말 갈색이다'라는 표현은 성격이 무덤덤하다는 뜻입니다.

새로운 변화를 추구하기보다는 기존의 것을 고집하지만 한번 시작한 것은 결과물이 나올 때까지 포기하지 않고 노력하는 사람이기도 합니다.

☑ 가난한 자의 색

Old Copper 컬러는 중세 시대부터 가난한 농부와 머슴, 하인, 거지들의 색으로 가난한 자들의 색이었습니다. 때가 잘 타지 않는 색으로서 어느 것에도 어울리는 중립적인 색이지만 오래된 과거의 색이기에 유행에 뒤떨어진 느낌을 주기도 합니다. 생동력과 에너지가 부족해 보여 나이가 들수록 이 색을 싫어합니다. 또한 갈색은 어리석음의 색이라 하는데 회색은 무지 분홍은 천진함 검정은 무관심을 나타내기도 합니다.

☑ 마을의 수호목

우리나라는 예로부터 마을 사람들의 건강과 함께 무병장수와 풍년을 빌고 재해가 없는 생활 등을 기원하기 위해 제사를 올리는 수호목 역할을 하는 나무가 있습니다. 우리나라 전역에 보호수로 지정된 고목의 절반은 느티나무, 소나무, 은행나무인데 나무는 오래될수록 나무껍질이 고동색을 띠게 됩니다.

이 나무들은 아주 오랜 기간 비, 바람을 맞으며 번개에 나뭇가지가 부러지고 산전수전 다 겪으면서도 마을을 지켜왔습니다. 늘 언제나 변함없이 홀로 묵묵히 그 자리를 지켜왔습니다. 이렇듯 Old Copper는 어떠한 어려움이 있어도 흔들리지 않고 묵묵히 자기 할 일을 해나갑니다.

☑ 커다란 배

Old Copper 컬러는 태평양을 건너는 커다란 배에 비유할 수 있습니다. 먼 길을 가기에 시간이 아주 오래 걸리고 가는 동안 여러 어려움이 있습니다. 좌초되지 않는 한 가는 길을 포기하지 않으며 묵묵히 목적지를 향해 항해합니다. 많은 화물과 많은 사람을 태울 수 있기에 목적지에 도착하기만 하면 커다란 노력에 대한 결과물을 얻을 수 있습니다. 이 색은 물질적인 욕구가 강한 특성이 있는데 오래되면 될수록 그 욕구는 강해지며 수단과 방법을 가리지 않고 쟁취하려 하기도 합니다.

☑ 죽음의 색

살아있는 나무들은 대체로 밝은 갈색이지만 죽은 나무들은 한결같이 검은색에 가까운 짙은 갈색으로 변합니다. 기독교에서는 이 색을 영혼의 죽음, 수도자들이 몸에 걸치는 옷의 색으로 현세에 대한 죽음. 참회 등을 뜻합니다. 갈색은 가을의 색이기도 한데 가을에 낙엽이 떨어져 썩어가고 시들고 말라 죽습니다.

짙은 갈색은 썩은 것, 부패한 것이기도 합니다. 종이나 목재는 오래되면 짙은 갈색으로 변합니다. 이처럼 생동감이 없는 이 색은 고리타분하며 에너지가 부족해 보일 수 있습니다.

이 색은 아주 오랜 시간이 걸리고 그 시간 동안 매우 힘든 상황이 지속됩니다. 그 상황 속에서 결과물에 다다르지 못하고 포기하는 경우가 많으며 그 모든 것을 이겨내었을 때 커다란 결과물을 얻을 수 있습니다.

타로에서 이 색이 나왔다면 가장 중요한 것은 과연 내담자가 결과물이 나올 때까지 참고 버틸 수 있는지 파악하는 것입니다. 어차피 결과를 얻지 못할 상황이라면 빨리 포기하는 것이 나을 수 있습니다. 특히 금전과 관련된 질문에서는 상담사의 말 한마디로 엄청난 손실이 날 수 있기에 이 색이 나왔다면 신중하게 해석할 필요가 있습니다.

⊚ Old Copper 컬러의 성격

☑ 차분하고 침착한 사람입니다.

☑ 황소와 같이 묵묵히 자신의 일을 해나가는 사람입니다.

☑ 아무리 어려움이 닥쳐도 이겨 내려하는 강한 의지가 있습니다.

☑ 자신의 감정을 다른 사람들에게 표현하지 않는 사람입니다.

☑ 욕심이 매우 많으며 보수적인 사람입니다.

☑ 마음이 넓고 이해심이 좋으며 주위 사람들을 잘 보살핍니다.

☑ 인내심이 있고 끈기가 있습니다.

☑ 자신이 맡은 임무는 책임지고 완수합니다.

☑ 자신의 믿음에 대한 고집이 엄청 강합니다.

☑ 언제나 변함없이 한결같은 사람입니다.

☑ 돈에 관한한 철두철미할 수 있습니다.

☑ 새로운 것에 대한 두려움이 있어 변화를 싫어합니다.

Old Copper 컬러의 연애운

연애운에서 이 컬러가 나왔다면 아주 오래된 연인입니다. 오랫동안 힘들게 만나고 있다는 것을 의미합니다. 서로 안 맞는 부분이 많으며 현재는 힘들게 만납니다. 힘들지만 어느 정도의 시간이 지나면 오랫동안 끈끈하게 만날 수 있습니다.

또한 이색은 오랫동안 사랑을 하지 못한 사람으로 애정 결핍증 증세를 보일 수도 있습니다.

지금과 같은 카드 배열이 나왔다면 일종의 주도권 싸움을 오랜 기간 하는 모습인데 서로 자존심이 강하여 자주 싸우는 모습입니다. 서로에 대한 배려보다는 이기려고 하는 마음이 강하여 서로 피곤하고 힘이 듭니다. 하지만 이런 상황 속에서도 오랜 기간 버티고 만나다 보면 미래는 서로 이해하는 순간이 오며 좋아질 수 있습니다.

애인을 만날 수 있을까요?란 질문이라면 지금은 애인을 만날 상황이 아닙니다. 오랜 기간 일에 지쳐있으며 마음속에서 애인을 만나는 것에 대해서 긍정적인 생각보다는 걱정을 하며 갈등을 하고 있는 모습입니다. 애인을 만나기까지 마음의 안정이 필요하며 오랜 시간이 걸릴 듯합니다.

Old Copper 컬러의 금전운

금전운에서 Old Copper색이 나왔다면 지금은 매우 힘든 상황입니다. 이런 상황은 오랜 기간 지속되어 왔거나 앞으로 지속될 수 있습니다. 지금의 금전 활동에 대해서 곰곰이 생각해 볼 필요가 있습니다. 부동산에 투자한다면 수익을 올리기까지 매우 오랜 시간이 필요합니다. 필요할 때 쉽게 찾을 수 없고, 오랜 기간 이득이 없으니, 단기간의 이득을 목표로 한다면 하지 않는 것이 좋습니다. 하지만 오랜 기간 없는 돈이라 생각하고 묵혀둘 수 있다면 시간이 지난 후 좋은 결실을 얻을 수도 있습니다.

Old Copper 컬러의 매매운, 합격운

매매운에서 Old Copper가 나왔다면 매매가 이뤄질 때까지 오랜 시간이 필요합니다. 단기간에는 내가 원하는 매매 금액으로 결과를 얻을 수 없습니다. 현재에 이 색이 나오고 미래에 좋은 카드들이 배열된다면 지금까지 오랜 기간 거래가 이루어지지 않았으나 곧 다가올 미래에 매매가 이뤄질 수 있습니다.

합격운에서 이 색이 나왔다면 합격을 준비하는 과정이 매우 힘들었고 오랜 기간 고생을 했다는 것입니다. 하지만 합격까지는 더 많은 시간과 노력이 필요해 보입니다. 현재 카드에 이색이 나오고 미래 카드에 좋은 카드들이 배열된다면 오랜 고생 끝에 이번 시험에 합격이 될 수 있습니다.

Old Copper 컬러의 사업운

사업 운에서 Old Copper가 나왔다면 지금 매우 힘든 상황입니다.

이 힘든 상황은 오래되었거나 앞으로 오래 지속될 수 있다는 것입니다.

보통 규모가 큰 사업을 하는 경우에 등장하며 결과가 나오기까지 오랜 기간 버틸 수 있는 여유가 있다면 포기하지 않고 노력하다 보면 큰 결과물을 얻을 수 있겠지만 버틸 자금력이나 여유가 없다면 빨리 포기하고 다음을 기약하는 것이 도움이 될 수 있습니다.

 Old Copper 컬러의 진로 적성

이 색은 오랜 전통과 관련된 일이나 자연과 연관된 직업이 좋습니다.

• 규모가 큰 사업, 전통적인 일, 금융, 건설, 건축, 정치가, 공무원, 기업 CEO, 부동산, 농사

Old Copper 컬러의 건강운

• 간, 신장

터키옥색 Turquoise

Turquoise

> 니캉 내캉... 행운을

✒️ 키워드

성공, 행운, 자유, 평화, 낭만, 여유, 교류,

결합, 결혼, 생산, 풍요, 사교, 귀인,

어머니, 임신, 해외, 가까운 사람

✨ Turquoise의 특성

☑ 낭만

이 컬러는 여성적인 색이며 부드럽고 우아함을 상징합니다.

Turquoise 컬러는 물색과 청색 계열의 하모니를 이루고 있는 색입니다. 우거진 열대림에 작열하는 남국 정서의 빛나는 태양과 바다 그리고 하늘 등 자연 풍광을 떠오르게 하는 색상입니다. 이 컬러는 순정 무구한 사랑, 꿈, 낭만을 연상할 수 있습니다. 육체적인 사랑 보다는 상대를 휘어감듯 흘러나오는 달콤한 낭만적인 밀어의 색입니다.

☑ 보호

Turquoise는 터키옥의 색을 말합니다. 터키석이라는 이름은 '터키의 돌'이라는 의미의 불어 'Pierre Turquoise'에서 유래합니다. 터키옥은 이집트 시나이반도에서 터키를 거쳐 유럽으로 들여온 것인데 유럽 사람들은 터키에서 온 돌이라 생각했던 것입니다.

터키옥은 다양한 문화에서 보호의 의미를 지니고 있습니다.

많은 문화권에서 터콰이즈는 부정적인 에너지를 막고 행운을 불러오며 보호의 방패를 제공하는 힘을 가진 부적 또는 부적으로 숭배되었습니다. 그것은 사람 주위에 보호 장벽을 만들어 해로운 영향을 빗나가게 하고 저주나 주술을 방지하는 것으로 생각했기 때문입니다.

여행을 떠나는 많은 사람들은 터키옥색의 부적이나 보석을 지니고 있는 경우가 많은데 여행자가 여행 중 안전장치로 도로에서 마주치는 사고, 도난 및 기타 위험으로부터 보호해 준다고 믿었습니다.

또한 모든 높이에서 오는 방호의 색으로 알려져 있는데 지금도 조종사나

승무원처럼 높은 곳에서 활동하는 사람들은 터키옥색을 부적처럼 지니고 있는 경우가 많다고 합니다.

☑ 영적 보호

Turquoise 컬러는 감정을 진정시키고 안정시키는 효과가 있는 것으로 생각됩니다. 불안, 스트레스 및 우울증과 같은 부정적인 감정으로부터 착용자를 보호한다고 믿어집니다. 일부 영적 수행에서 터키옥색은 정서적 균형과 정신적 보호 감각을 만드는 데 사용됩니다.

페르시아에서는 터키옥이 기도할 때 정신을 모으게 해 주고 소망을 이루게 해준다고 믿었습니다. 아프리카의 전설에 따르면 신의 힘이 지상의 돌에 깃들어 터키석이 되었다고 합니다. 터키옥색은 종종 직관과 내면의 지식을 향상시키는 것과 관련이 있습니다.

긍정적인 진동을 촉진하면서 부정적인 에너지를 흡수하고 제거하는 것으로 터키옥을 착용하는 것은 자신의 오라를 정화 시키는데 도움이 되는 것으로 생각되어 부정적인 것을 물리치고 긍정적인 것을 끌어들이는 보호막의 역할을 합니다. 또한 터키석은 많은 문화권에서 보호를 위한 강력한 부적으로 사용되었습니다.

부적은 소유자를 보호하기 위해 마법의 속성을 가지고 있다고 믿어지는 물건이며 부적은 행운이나 특정 혜택을 가져다주는 것으로 생각했습니다. 북아메리카 인디언들은 터키옥이 하늘과 바다를 직접 연결해 열리게 한다고 믿고 있습니다.

또한 미국 인디언들에게 매우 신성한 돌로 여겨졌으며 한때 터키석과 산호를 갈아 기우제를 지내기도 하였다고 합니다.

☑ 성공과 승리

페르시아에서는 터키석이 페로자(Ferozah) 또는 피로자(Firozah)로 알려져 있고 '승리'를 상징합니다. 페르시아 고전학자 알 카즈위니(Al-Qazwini)는 '터쿼이즈를 가진 손이나 그것으로 날인을 하면 결코 가난 하지않다.'라고 했습니다.

터키옥은 12월의 탄생석으로 성공과 승리의 의미가 있습니다.
- 1월의 탄생석은 '가넷'으로 진실, 우정
- 2월의 탄생석은 '자수정'으로 성실, 평화
- 3월의 탄생석은 '아쿠아마린'으로 젊음, 행복
- 4월의 탄생석은 '다이아몬드'로 불멸, 사랑
- 5월의 탄생석은 '에메랄드'로 행복, 행운
- 6월의 탄생석은 '진주'로 순결, 부귀
- 7월의 탄생석은 '루비'로 사랑, 평화
- 8월의 탄생석은 '페리도트'로 부부의 행복
- 9월의 탄생석은 '사파이어'로 성실, 진실
- 10월의 탄생석은 '오팔'로 희망, 숨결
- 11월의 탄생석은 '토파즈'로 건강, 희망
- 12월의 탄생석은 '터키옥'으로 성공과 승리

☑ 가족과 건강

역사 속에서 터콰이즈는 액운을 막아주고 행운을 가져다주기 때문에 가족이나 가족처럼 소중한 사람들에게 선물을 주곤 했습니다.
이처럼 터키옥은 가족이나 가까운 지인으로부터의 행운과 보호의 색으로 해석합니다. 가족과 연관성을 지니며 커뮤니케이션을 향상시켜 사람들과의 관계를 돈독하게 하는 에너지가 있어 만남이나 교류, 결혼, 임신으로 해석되기도 합니다.

또한 터키옥은 열을 받거나 독이 묻으면 색이 변하는 특성이 있기 때문에 건강을 살피거나 독의유무를 확인하는 용도로 사용되기도 했습니다.

Turquoise 컬러의 성격

- 차분하고 안정되어 있으며 침착한 면 뒤에 불같은 성향도 있습니다.
- 긍정적인 마인드의 소유자로서 주위 사람들을 기분 좋게 합니다.
- 부드럽고 우아함을 풍깁니다.
- 낭만적이며 가정적인 사람입니다.
- 평화롭고 평온한 것을 좋아합니다.
- 여성이라면 현모양처 스타일입니다.
- 인간관계가 좋으며 우정 우애가 있습니다.
- 한편으로는 단호한 성격이기도 합니다.
- 다소 우유부단한 성격이기도 합니다.
- 순수하며 소녀 소년 같은 이미지가 있습니다.
- 직관력과 통찰력이 있으며 본인이 느끼는 대로 표현하는 사람입니다.

☀ Turquoise 컬러의 연애운

지금과 같이 연애운에서 Turquoise 컬러가 나왔다면 서로 마음이 잘 통하며 낭만적인 사랑을 하고 있습니다. 서로에게 여러 가지 면에서 도움이 되며 많은 사람들의 축복 속에서 사랑을 나누고 있습니다. 곧 결혼할 수 있으며 아이도 낳고 행복한 가정을 꾸리게 됩니다.

애인을 만날 수 있을까요?란 질문이라면 가족이나 가까운 지인의 소개로 만남이 이루어질 수 있으며 평생의 반려자를 만나 행복한 연애를 하게 됩니다. 해외에서 만날 수 있고 외국인을 만날 수도 있습니다

☀ Turquoise 컬러의 금전운

금전운에 Turquoise 컬러는 좋습니다.

현재의 재정 상태에 큰 어려움은 없습니다.

행운을 가져다 주는 색으로써 횡재수가 있으며 가족이나 지인의 도움을 받고 있습니다. 유산을 물려 받을 수 있습니다.

부정적인 유니버셜 웨이트타로와 나온다면 가족이나 가까운 지인으로 인해 금전이 나갈 수 있다는 것입니다.

Turquoise 컬러의 매매운, 합격운

매매운에서 Turquoise가 나왔다면 가족이나 가까운 지인의 도움으로 매매가 성사될 수 있습니다. 매매 금액은 만족스러우며 큰 어려움 없이 매매가 이루어지게 될 것입니다.

부정적인 유니버셜 웨이트타로와 나온다면 가족이나 가까운 지인과의 거래로 인해 오히려 손해를 볼 수도 있습니다.

합격운이라면 Turquoise는 행운이 있는 색으로 가족이나 지인들의 도움으로 합격의 가능성이 큽니다. 하지만 부정적인 유니버셜 웨이트타로와 나온다면 합격의 가능성이 작습니다.

 ## Turquoise 컬러의 사업운

사업에 있어서 이 컬러는 좋은 상황을 말해줍니다. 가족이나 가까운 지인의 소개로 시작하려 할 수 있습니다. 가족 또는 친한 지인과 동업을 하는 사람일 수 있으며 도움을 받고 있습니다.

직원들과 가족 같은 분위기로 관계가 좋으며 거래처와의 관계도 좋습니다. 하지만 부정적인 유니버셜 웨이트타로와 나온다면 운이 좋지 않으며 직원들과의 관계가 좋지 않고 어려운 상황에 처해 있습니다. 하지만 가족이나 지인의 도움으로 극복 될 수 있습니다.

Turquoise 컬러의 진로 적성

이 색은 여성이나 항공, 해외, 가족과 연관된 직업이 좋습니다.

• 승무원, 파일럿, 웨딩플래너, 산부인과 가정의학과 의사, 영업, 무역, 여행 가이드, 패밀리 레스토랑

 Turquoise 컬러의 건강운

내가 아닌 가족 건강 조심, 열이 나는 질병, 독에 의한 중독, 해외에서 시작된 병(메르스, 사스, 에볼라, 홍콩 독감 등).

빈티지색 Vintage

" 넌 결코 올드하지 않아 **"**

 키워드

성숙된, 낡고 오래된, 성숙, 올드한, 유행,

촌스럼, 편안함, 빛이 바랜, 알콜, 희소성, 특별함,

재회, 재발견, 고급스러움

🔮 Vintage 유래

Vintage 컬러는 색채를 지칭하는 색이 아니고 상징적인 의미의 색입니다. "빈티지"라는 용어는 고대 프랑스어 단어 "Vendage"에서 유래했는데 이 단어는 포도 수확을 의미하는 라틴어 "Vindemia"에 뿌리를 두고 있습니다. '빈티지(Vintage)'란 원래 '와인의 원료가 되는 포도를 수확하고 와인을 만든 해'를 의미합니다. 포도는 일정 수준의 당도와 각종 유기산을 충분히 함유하고 있어야 와인으로 만들 수 있는데, 해마다 일조 시간과 강수량 등 포도 농사의 기후 조건이 달라지므로 어떤 해에 생산된 포도로 만들어진 와인이냐에 따라 그 맛과 가격이 달라진다고 합니다.

건축에서는 어제 지었지만 몇십 년 된 듯한 것을 이야기하고 빈티지 가구는 친환경 소재를 사용한 느낌이거나, 중후한 클래식 스타일의 앤티크(Antique) 가구들을 재현한 것들을 말합니다.

패션이든 가구이든 기타 물건이든 "빈티지"를 사용하는 것은 역사가 있거나 특정 기간에 나온 항목과의 품질 및 고유성의 연관성에서 비롯되었습니다.

☑ 옛것에 대한 향수

Vintage 컬러는 옛것에 대한 향수와 희귀함을 나타냅니다.

빈티지란 그것에 담겨 있는 그 시대의 역사와 문화를 소유한다는 의미이며 빈티지 역사성을 지닌다는 것은 희귀성으로 더욱 가치를 발휘하여 자신만의 존재감을 드러내는 것입니다.

빈티지 컬러는 익숙함에서 편안함을 주는 컬러입니다. 너 나 할 것 없이 획일화 되어가는 현대사회에서 옛것의 고귀함을 재발견하고 오히려 더 가치있게 구성하는 것이라 할 수 있습니다.

오래되었지만 더 가치있는 것(Oldies-but-goodies) 또는 오래되어도 새로운 것(New-old-fashioned)을 의미합니다.

이 컬러는 매우 성숙됨을 말해주고 있으며 역사적 유물이나 보물과 같이 지난 시간의 경험과 특별함을 가진다고 할 수 있습니다.

이는 마치 오랜 장인의 기술로 만들어진 제품과 같이 매우 희소성이 있는 컬러이며 특별함을 지닌 컬러입니다.

Vintage 컬러는 매우 소박함과 동시에 매우 중후한 느낌을 주며 편안함을 줍니다. 억지로 만들어낸 옛 것이 아닌 자연스럽게 만들어진 자연과 같은 것입니다. 그래서 낡아서 닳아빠진 것이 아니라 낡아서 오히려 세련된 느낌을 줍니다.

☑ Vintage와 Old Copper의 구분

Vintage 컬러는 오래되었다는 것은 얼핏 보면 Old Copper 컬러와 비슷하지만, 그 의미는 다릅니다.

Old Copper 컬러는 오랜 기간동안 계속 연관성을 가지고 그 기간동안 힘들게 고생하고 그 과정속에서 끝이 나는 경우도 많으며 그 과정을 이겨내고 나면 커다란 결과가 찾아옵니다.

그러나 빈티지는 예전에 있었던 인연이나 예전부터 마음에 품고 있었던 것을 잊고 있었다가 어떠한 계기로 인해서 다시 인연이 맺어지거나 마음속에 내재 되어있던 것을 이제 하게 되는 것입니다.

그것은 다른 것과 비교할 수 없는 자신만의 감성적인 특별함이 담겨 있으며 오랫동안 꿈꿔 왔던 것을 하게 되기에 오히려 더 빛나는 것입니다.

👁 Vintage 컬러의 성격

- ⊘ 나이에 비해 성숙한 사람입니다.
- ⊘ 볼수록 편안하며 매력적인 사람입니다.
- ⊘ 진실한 사람이며 가식이 없습니다.
- ⊘ 다른 사람 말에 흔들리지 않는 소신있는 사람입니다.
- ⊘ 특별한 취미 생활을 좋아합니다.
- ⊘ 다소 고집이 센 사람입니다.
- ⊘ 술을 좋아할 수 있으며 의리가 있습니다.
- ⊘ 모두가 YES라고 할 때 NO라고 할 수 있는 사람입니다.
- ⊘ 많은 사람과 어울리기보다는 혼자 있는 것을 좋아할 수 있습니다.
- ⊘ 사물이나 사람을 관찰하는 능력이 있습니다.
- ⊘ 어려움이 있어도 참고 이겨내며 끈기가 있고 인내력이 있습니다.

연애운에서 빈티지는 예전에 알던 사람을 다시 만나거나 예전의 마음속에 품고 있었던 사람을 만나 연애를 하고 있을 때 자주 등장합니다.

부정적인 카드들과의 배열이라면 처음 만났을 때로 돌아가고 싶을 때 나올 수 있습니다. 처음 연애할 때의 모습으로 돌아가고 싶다는 건 지금은 그렇지 않다는 뜻이기도 합니다. 또 두 사람을 힘들게 했던 문제들이 사라지고 좋아질 때 나오기도 합니다.

애인을 만날 수 있을까요?란 질문이라면 예전에 알던 사람을 다시 만나거나 예전에 마음속에 품고 있었던 사람을 만나게 되는 경우입니다.

현재의 금전 상태는 크게 부유하지도 가난하지도 않고 본인은 어느 정도 만족해하고 있습니다. 가족이나 다른 사람들 몰래 빌려주었던 돈을 돌려받는 다거나 숨겨두었던 비상금을 찾을 수 있습니다.

오래전 투자했던 부동산이나 주식이 그동안은 큰 이득이 없었으나 이제 그 값어치가 올라가고 있습니다. 예전에 했던 일이나 하고 싶었던 금전 활동을 하게 되는 경우일 수 있습니다.

Vintage 컬러의 매매운, 합격운

매매운에서 빈티지는 예전부터 사고 싶었던 집이나 물건을 사게 되는 경우이거나 빈티지 속성의 물건이나 상품을 거래할 때 등장합니다. 매입이든 매수이든 만족스런 매매가에 거래가 가능하고 이 물건은 시간이 지나면 더욱 가치가 높아질 수 있습니다. 부정적인 유니버셜타로와 나왔다면 거래가 이루어지지 않습니다.

합격운이라면 예전에 한번 떨어졌던 시험을 다시 볼 때 나올 수 있습니다.

또는 예전부터 하고 싶었던 시험을 보거나 마음속에 품고 있었던 학교에 가고자 할 때 등장하는데 유니버셜 타로에 따라 합격 여부가 결정됩니다.

 Vintage 컬러의 사업운

예전부터 하고 싶었던 사업을 하고 싶거나 하게 될 때 빈티지가 등장할 수 있습니다.

희소성이 있는 아이템으로 빈티지 관련 사업일 수 있습니다.

사업 초기에 좋았다가 한동안 힘들었는데 다시 좋아질 수 있습니다. 빈티지 자체로는 좋은 의미로 긍정적이나 구체적인 현재 상황이나 미래 상황의 길흉 여부는 유니버셜 타로에 따라서 달라질 수 있습니다.

 Vintage 컬러의 진로 적성

빈티지는 진로 적성에서 희소성이 있거나 전통적인 특성이 있습니다.

- 도자기, 한복, 국악, 주류회사, 바텐더, 술과 관련된 직업, 병아리 감별사같은 희소성있는 직업

 Vintage 컬러의 건강운

- 오래 전에 앓았던 병의 재발, 음주로 인한 질병이나 사고

반투명색 Translucence

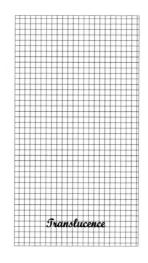

Translucence

" 밧줄로 꽁꽁~ "

✒️ 키워드

연락, 신호, 커뮤니케이션, 동시성, 조직,
네트워크, IT(첨단기술), 가족, 연결성, 결혼, 경계선,
교류, 운명, 교감, 최첨단

✦ Translucence의 특성

☑ 반투명

Translucence 컬러는 색명이 아닌 반투명이라는 상징적인 카드입니다. 반투명은 투명과 불투명의 중간 정도의 것으로 물체의 윤곽은 투시되지 않으나 색채·명암 등이 투시되는 정도의 경우를 말합니다.

투명하다는 것은 빛이 그 물체를 완전하게 통과하는 것으로 빛이 머물러 있지 않으며 불투명은 빛을 완전히 차단하여 거부합니다.

반투명은 투명과 불투명의 한가운데서 이 두가지를 연결하는데 반투명에는 투명도 들어 있고, 불투명도 들어 있습니다. 그렇다고 해서 반투명이 투명과 불투명의 혼합물이라기보다는 반투명은 투명도 포용하고 불투명도 포용하는 동시에 반투명 자체의 독자적인 특성을 지닙니다. 반투명은 투명과 반투명이 서로 적절히 양보하고 포용하며 하나가 되는 것입니다.

☑ 연결성

Translucence 컬러는 빛이 통과하며 차단되어 있던 이쪽과 저쪽을 연결하고 과거와 현재, 미래를 연결하기도 합니다.

나와 연결되어 있는 모든 것이 여기에 포함되는데 가족이나 친구, 직장이나 학교에서의 연결고리를 나타낼 수도 있고 현실과 이상의 연결고리이기도 하며 과거, 현재, 미래의 연결고리이기도 합니다.

보이는 것 같지만 때론 가려져 있고 막혀 있는 것 같지만 길이 있는 현실과 이상의 연결고리라 할 수 있습니다. 타로에 적용하면 과거에 하던 일을 현재나 미래에 연결되어 하고 있는 상황이나 현재에 배우거나 하고 있는 것을 미래에 막힘없이 해나갈 수 있다는 것입니다.

끝이 났다고 생각하는 순간 새로운 기회가 주어질 것이며 완전하다고 믿는 순간 보이지 않았던 벽에 가로막히는 그런 모습입니다. 카드를 보면 세로의 선들이 가로의 선들을 뚫고 지나가는 모습인데 해나가는 과정속에 많은 어려움이 있겠지만 그 어려움들을 이겨내고 전진해 나가는 모습입니다.

선과 선이 끊어지지 않고 연결되어 있습니다. 이것은 나와 단단한 끈으로 연결된 가족 또는 본인과 사회와의 연결고리입니다.

우연히 다시 만났을 때 죄짓고는 못산다는 말이 있습니다. 이 컬러는 만날 사람은 결국 다시 만난다는 인연의 색이라 할 수 있습니다.

이 카드에서의 선은 매우 규칙적인 모습입니다. 이는 우연이 아닌 이미 정해져 있는 운명의 굴레와 같은 색이라 할 수 있습니다.

☑ 인연의 끈

사람은 인연으로 시작해서 인연으로 끝이납니다.

태어나면서부터 부모님과 인연을 맺고 형제자매와 인연을 맺으며 학교에 가서는 선생님과 친구들과 인연을 맺습니다. 직장 사람들과 인연을 맺고 다양한 취미생활로 인연을 맺으며 살아가면서 다양한 사람들과 다양한 인연을 가집니다.

이것은 운명처럼 정해진 운명이기도 한데 만날 사람은 반드시 만나게 되어있고 헤어질 사람은 헤어지게 되어 있습니다.

그 인연 속에는 좋은 인연도 있고 나쁜 인연도 존재하는데 우리는 불행하게도 선연인지 악연인지 미리 알 수가 없기에 많은 시행착오를 겪으며 살아갑니다.

이 색은 지금의 인연이 선연인지 악연인지 구별하는데 도움이 될 수 있고 지금 하고 있는 일이 앞으로 나에게 어떠한 영향을 미칠지 파악하는데 도움이 될 수 있습니다.

 Translucence 컬러의 성격

⊘ 규칙적인 생활을 하는 사람입니다.

⊘ 모범적인 사람으로 법규를 잘 지키는 사람입니다.

⊘ 가정적이지만 신세대 스타일이기도 합니다.

⊘ 정보통이고 아는 것이 많은 사람입니다.

⊘ 어려움이 있어도 쉽게 포기하지 않는 사람입니다.

⊘ 성품이 온화하고 타의 모범이 되는 사람입니다.

⊘ 노력형이며 자수성가하는 사람입니다.

⊘ 끈기가 있지만 결단력이 부족해 우유부단해 보일 수 있습니다.

⊘ 머리가 명석한 사람입니다.

⊘ 뼈대있는 집안의 사람입니다.

⊘ 나서지 않으며 사람들과 조화를 이루며 사는 사람입니다.

⊘ 수단과 요령이 풍부하고 기획능력이 있습니다.

 Translucence 컬러의 연애운

연애운에서 지금처럼 나왔다면 운명적인 만남입니다. 결혼을 할 수 있으며 나와 평생을 함께하게 될 반려자입니다. 이 사람은 매우 성실한 사람으로서 가정적이고 모범적인 사람으로 배우자로서 괜찮은 사람입니다. 가끔은 유부녀나 유부남의 연애에서 나오기도 합니다.

애인을 만날 수 있을까요?란 질문이라면 과거에 만났던 사람을 다시 만나거나 학교나 직장에서 만나는 모습입니다. 부정적인 유니버셜 웨이트타로와 나올 경우 끈질긴 악연일 수 있으니 만남에 신중할 필요가 있습니다.

Translucence 컬러의 금전운

Translucence의 금전운은 금전관리를 잘하는 사람입니다. 투기나 투자에는 어울리지 않고 규칙적인 생활을 하는데 주위사람들에겐 인색하다는 소리를 들을 수 있습니다.

직장의 월급을 받는 고정적인 수입이 있으며 결혼한 전업주부라면 스스로의 경제 활동이라기보다는 배우자의 월급을 잘 관리하는 모습이기도 합니다. 부모님으로부터 유산을 물려받을 수 있습니다.

Translucence 컬러의 매매운, 합격운

Translucence만 본다면 적절한 선에서 매매가 이뤄지는 모습으로 좋지만
정확한 매매의 가부여부는 같이 보는 유니버셜 타로의 영향을 받습니다.
이사에 관한 것이라면 예전에 살던 곳이나 가고 싶었던 곳으로 가려는 모
습이며 주위의 가족이나 형제자매 또는 친한 지인이 살고 있을 가능성이
있으며 직장 문제로 가는 상황에서 나오기도 합니다.
합격운이라면 Translucence는 가족이나 주변 사람들로 인해 공부를 시
작했을 가능성이 있고 합격의 가능성이 크지만 부정적인 유니버셜 타로
랑 나온다면 불합격을 나타내고 있지만 계속 노력한다면 결국에는 합격
하게 될 것입니다.

 Translucence 컬러의 사업운

과거에 하던 일과 연관되어 사업을 할 때 나옵니다.
때론 부모님의 사업을 물려받은 사업이거나 가족이나 지인들과 연관되어
하고 있는 사업입니다. 크게 잘 되는 것도 아니고 그렇다고 막혀 있는 것
도 아니지만 꾸준하게 큰 변화없이 사업이 진행되어 가는 모습이며 점차
번영해 나갈 것입니다.
부정적인 유니버셜 타로랑 나오면 지금은 어려움에 직면해 있지만 어려
움을 이겨내고 앞으로 나아갈 수 있습니다.

Translucence 컬러의 진로 적성

이 색은 가족과 연관있는 직업이나 오래 다닐 수 있는 직장이 좋습니다.

• 부모님의 직업, 공무원, IT기술, 유통업, 인터넷, 조직생활(큰 직장), 중계업, 무역업

 Translucence 컬러의 건강운

• 가족 유전병, 만성질환

금색 Gold

Gold

> ## 풍요로운 삶

 키워드

태양, 남성적, 돈, 부, 최고, 풍요, 최종 완성,
엘리트, 불변성, 성공, 지혜와 지식의 결정체,
장수, 완벽성, 자아완성

🔺 Gold의 특징

☑ 금

Gold카드는 이름 그대로 금의 의미를 지닙니다.

금은 예나 지금이나 가장 귀한 금속 중에 하나입니다. 금은 희소성과 아름다움으로 인해 오랫동안 부와 권력의 상징이 되었습니다. 이집트, 메소포타미아, 로마를 포함한 많은 고대 문명에서 금은 왕, 왕비, 통치자가 착용하는 호화로운 장신구, 왕관 및 기타 장신구를 만드는 데 사용되었습니다. 금을 소유하는 것은 위신과 권위를 상징했습니다.

금의 가장 오래된 사용은 기원전 4000년경으로 고대 이집트에서 보석, 장식 및 종교적인 물건에 사용되었습니다. 금은 태양과 사후 세계의 상징이라고 믿었던 고대 이집트인들에게 매우 신성했으며 금이 신의 살이라고 믿었고 종교 의식, 사원, 무덤에 광범위하게 사용되었습니다. 금은 신과 여신을 나타내는 조각상과 유물을 만드는 데 사용되었습니다.

금은 통치자와 군주의 권위를 정당화하고 강조하는 데 사용되었습니다. 금으로 만든 면류관, 홀 및 기타 의식 용품은 지상 통치자와 영적 세계 사이의 연결 고리를 설정하고 통치할 신성한 권리를 의미하는 데 사용되었습니다.

가치 있는 상품으로서의 금의 안정성은 경제적 안정성에 기여하는데 정치적, 경제적 불확실성의 시대에 금은 다른 형태의 통화가 가치를 잃을 때 부를 보존하기 위한 안전한 자산으로 인정받고 있습니다. 이렇듯 금은 부와 풍요로움, 권위를 상징하며 금은 희소성으로 인해 시간이 지날수록 그 값어치가 상승하는데 이처럼 금색은 지금도 좋지만 앞으로 점점 더 좋아질 거라는 의미이기도 합니다.

☑ 태양

금색은 역동적이고 활동적이며 외향적인 특성의 남성적 에너지를 지닌 태양에 비유할 수 있습니다. 태양의 엄청난 에너지와 따뜻함은 힘과 관련이 있습니다. 많은 문화권에서 태양은 자연계와 인간 존재 모두에 영향을 미치는 강력한 힘으로 여겨지는데 리더십, 권위 및 용기의 특성을 지닙니다.

태양의 빛과 따뜻함은 식물의 성장, 생태계의 유지, 모든 생물의 복지에 필요한 에너지를 제공합니다. 생명력, 에너지, 생명력을 상징하며 농업과 식물 성장을 지원하는 역할 때문에 태양은 비옥함과 풍요로움과 관련이 있습니다.

태양의 빛나는 빛은 지식, 지혜, 깨달음을 상징합니다. 태양이 어둠을 몰아내는 것처럼 무지를 몰아내고 진리의 출현을 상징하는 은유적 표현으로 자주 사용됩니다.

태양은 전반적인 건강에 기여하는 비타민 D의 생성을 도우며 신체적, 정신적 웰빙에 긍정적인 영향을 미치는 것으로 치유력과 관련이 있습니다.

☑ 정절

금은 자연에서 거의 순수한 형태로 발견됩니다. 다양한 응용 분야에서 내구성과 강도를 향상시키기 위해 종종 다른 금속과 합금되지만 금은 99.9%를 초과하는 높은 수준의 순도로 정제되며 금은 용해하지 않는 한 다른 원소와 섞이지 않으므로 변하지 않는 영원한 속성을 나타내고 있습니다. 금은 연성이 좋아 1g의 금을 1km 길이의 철사로 늘릴 수 있지만 그 속성만은 변하지 않습니다.

고대 문명의 금 유물은 여전히 우수한 상태로 발견되는데 부식과 산화에 대한 저항성이 매우 높아 대부분의 다른 원소와 변색 되거나 반응하지 않습니다. 이러한 금의 성질은 정절에 비유할 수 있습니다. 결혼반지로 금반지를 주는 것은 단지 비싸기 때문만이 아니라 정절을 나타내는 의미이기도 합니다.

☑ 금메달

금메달은 성취, 탁월함, 승리의 상징입니다. 대회, 스포츠 행사, 학업 또는 기타 분야에서 탁월한 1등을 하게 되면 금메달을 수여합니다. 금메달은 특정 분야에서 우수성과 숙달을 인정하는 것으로 최고의 위치에 도달하기 위해 뛰어난 기술, 헌신 및 노력을 입증했음을 보여줍니다. 금메달을 받는 것은 동료, 심사위원 또는 특정 분야의 권위자로부터 인정을 받는 것으로써 받는 사람의 공헌과 성취를 확인하고 다른 사람들로부터 존경과 찬사를 받으며 그 자체로 명예를 상징합니다. 이렇듯 금은 명예, 승리를 상징하기도 합니다.

금은 살면서 가장 중요한 것을 의미하는데 현대사회에서는 돈과 권력 그리고 건강을 의미합니다.

🔯 Gold 컬러의 성격

- ☑ 천성이 관대하며 자수성가할 가능성이 높은 사람입니다.
- ☑ 타고난 재능으로 부를 이루어 나가는 사람입니다.
- ☑ 남에게서 이유 없이 도움받기를 원하지 않습니다.
- ☑ 물질적인 성공을 중요시하는 사람입니다.
- ☑ 돈을 쓰는데 인색하지 않지만 생색을 내고 싶어 합니다.
- ☑ 건강하며 끈기 있고 결단력도 있습니다.
- ☑ 웬만한 어려움에는 좌절하지 않습니다.
- ☑ 매사에 자신감이 넘치며 적극적입니다.
- ☑ 머리가 좋고 지혜가 출중합니다.
- ☑ 자기 자랑 하는 걸 좋아합니다.
- ☑ 항상 긍정적인 마인드로 생활하고 주위 사람들에게 행복의 에너지를 전달합니다.
- ☑ 자만심에 빠질 수 있습니다.
- ☑ 솔직한 사람이며 남들 도와주는 것도 좋아합니다.

연애운에서 Gold가 지금처럼 나왔다면 금빛처럼 반짝반짝 빛나는 것으로 매우 좋은 상황입니다. 서로에게 기쁨의 에너지를 전달하고 있으며 풍요롭고 행복한 만남입니다.

서로에 대한 믿음이 있으며 변하지 않는 사랑입니다. 하지만 부정적인 유니버셜 웨이트타로와 나온다면 금전이나 건강문제로 좋지 않은 상황입니다. 하지만 시간이 지날수록 점점 좋아질 수 있습니다.

애인을 만날 수 있을까요?란 질문이라면 멋진 애인을 만날 수 있습니다. 하지만 부정적인 유니버셜 웨이트타로와 나왔다면 경제적인 어려움으로 만나지 못하는 상황이며 애인보다 돈이 좋을 때 나올 수 있습니다.

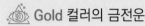

Gold 컬러의 금전운

금전 운에서 Gold 카드는 자체로 부와 풍요로움을 상징하듯이 매우 좋습니다. 지금도 좋지만 앞으로 점점 더 좋아질 수 있습니다.

부정적인 유니버셜 웨이트타로와 나온다면 금전 문제로 힘든 상황이지만 시간이 지나면 점점 나아질 수 있습니다.

Gold 컬러의 매매운, 합격운

Gold의 매매운이나 합격운은 유니버셜 웨이트타로의 길흉 여부에 따라 가부여부가 결정됩니다.

긍정적으로 나왔다면 매우 좋은 조건에서 거래가 이루어지며 최고의 성적으로 합격할 수 있지만 부정적으로 나왔다면 지금 당장은 거래가 힘들고 시간이 지나야 매매가 이루어질 것이며 본인은 합격 될 거라는 자신감에 차 있지만 생각한 만큼의 성적이 나오지는 않습니다.

Gold 컬러의 사업운

사업 운에서 Gold는 사업이 잘되고 있으며 점점 번창해 나가고 있는 상황입니다.

귀금속이나 금융과 관련된 사업일 수 있으며 사업을 계획하고 있다면 자신감 있게 시작해도 좋습니다. 하지만 부정적인 유니버셜 웨이트타로와 나온다면 부정적으로 해석됩니다.

 ## Gold 컬러의 진로 적성

이 색은 돈이나 귀금속 관련된 직업이나 리더의 역할로 좋습니다.
- 금융업, 부동산, 단체의 리더, 기업 CEO, 귀금속, 웰빙사업, 운동선수

Gold 컬러의 건강운

Gold 자체로는 매우 건강한 색이며 건강에 문제가 있었다면 점점 나아질 것입니다.
- 비타민 D의 결핍으로 생기는 병(골절 혹은 골다공증, 면역력 약화, 심혈관 질환, 자가면역 질환, 크론병 등), 심장

은색 Silver

Silver

> 내 그리운 사람아

 키워드

보수적, 실용적, 가족, 전통, 조상, 추억, 과거,
돈, 부, 풍요, 생산, 그리움, 여성적, 어머니, 가정적,
다산(多産), 임신, 최첨단, 빠르다

⚜ Silver의 특성

"은"이라는 이름은 라틴어 "Argentum"에서 유래되었습니다. 라틴어 용어 "Argentum"은 수세기 동안 은을 가리키는 데 사용되었으며 현대에도 여전히 은을 가리킵니다.

인도유럽조어에서 "Arg-"라는 단어는 "하얗다" 또는 "빛나는"을 의미합니다.

☑ 2인자의 색

Silver 컬러는 1인자가 될 수 없는 슬픔의 컬러입니다.

은색을 가장 좋아하는 사람은 거의 없는데 은색은 맨 마지막에 생각나는 색입니다.

이 컬러는 항상 금색과 비교되곤 합니다. 우리는 언제나 '금과 은'이라고 말하지 '은과 금'이라고 말하지 않습니다. 은은 추가될 뿐이지 근본이 될 수 없습니다. 금을 가진 사람이 은을 탐내지 않습니다. 하지만 은을 가진 사람은 금을 가지고 싶어 합니다.

올림픽이나 각종 대회에서 1등을 하면 금메달을 주고 2등에겐 은메달을 줍니다. 은은 항상 1등이 될 수 없는 그래서 슬픈 색이기도 합니다.

하지만 2등을 했다는 것은 분명 잘한 것입니다. 하지만 조금만 더 잘했다면 1등이 될 수 있었기에 지금의 상황에 만족하지 못하고 1등에 대한 그리움이 더 큰 것입니다.

☑ 달

Silver 컬러는 달과 연관되는데 연금술사들은 은을 달을 뜻하는 '루나(Luna)'라고 불렀고, 잉카인들은 은을 '달의 눈물'이라고 불렀다고 합니다.

금과 빨강은 태양에 속하고 은과 파랑은 달에 속한다고 할 수 있는데 달
은 모든 문화권에서 여성적이고 달의 주기는 여성의 월경주기와 동일하
다고 합니다. 이 컬러는 이렇듯 여성이나 어머니를 나타내고 있습니다.

드라마나 영화를 보면 외롭거나 누군가 보고 싶을 때 달을 바라보며 달
속에 그리운 사람들을 그립니다. 또 힘들거나 괴로울 때 달을 보며 하소
연을 하며 소망을 빌어보기도 합니다. Silver는 그리움을 의미하며 바램
을 나타내기도 합니다.

사랑에 대한 그리움, 1등에 대한 그리움 등 그리워하는 모든 것에 대한
그리움을 나타냅니다.

☑ 잠들지 않는 눈

고대 신들의 세계에서 거인 아르고스(Argus)는 은에서 이름을 얻었습니다.
은은 라티어로 아르겐툼(Aargentum), 그리스어로 아르기로스(Argyros)입니다.
거인 아르고스는 눈이 천개나 되어서 언제나 잠들지 않는 눈이 있었기 때
문에 모든 것을 살펴보는 감시자였습니다. 이렇듯 Silver는 여러 가지 생
각이 많고 쉽게 잠을 이루지 못합니다.

그리스 신화에서 신들의 왕인 제우스는 이오와 사랑에 빠지게 되었는데
질투심 많은 아내 헤라의 분노를 두려워한 제우스는 이오의 정체를 숨기
기 위해 흰 암소로 변신시켰습니다.

헤라는 제우스의 불륜을 의심하고 Io의 변신을 알게 되었는데 Io를 주시
하고 Zeus가 불륜을 계속하지 못하도록 Argus에게 암소를 감시하도록
했습니다.

제우스는 이오를 구출하기 위해 메신저 신 헤르메스를 보냈습니다. 헤르
메스는 양치기로 변장한 채 아르고스에게 다가가 그와 대화를 나누었습

니다. 헤르메스는 리라(악기)로 부드러운 음악을 연주했고, 그의 이야기는 점차 아르고스를 잠들게 했습니다. 아르고스가 잠들자 헤르메스는 마법의 카두세우스(뱀이 얽힌 지팡이)를 사용하여 아르고스의 눈을 하나씩 잠들게 해서 결국 Argus의 모든 눈을 감게 만들었습니다. 아르고스의 모든 눈을 감은 상태에서 헤르메스는 재빨리 그를 죽였습니다.

헤라는 충성스러운 하인을 애도하면서 아르고스의 눈을 가져다가 그녀의 신성한 새인 공작의 꼬리 깃털에 올려 놓았습니다. 이오는 결국 제우스에 의해 인간의 모습으로 회복되었고 헤라의 여사제가 되었습니다.

Silver 컬러는 은빛 목소리, 은빛 웃음, 은빛 파도 등과 같이 맑고 깨끗한 정신을 나타내기도 합니다.

Silver 컬러는 정직하고 순결함을 나타내기도 하며 사람은 나이가 들면 머리색이 은색으로 변하기에 노인들과도 연관이 있습니다.

또한 Silver는 전자 및 전기 공학에서 가치 있는 금속으로 많은 산업 분야나 최첨단 분야에서 활용되고 있습니다.

⚜️ Silver 컬러의 성격

⊘ 여성적인 매력이 있는 사람입니다.

⊘ 어머니와 같은 모성애가 있고 자상한 사람입니다.

⊘ 정직하고 순수한 사람입니다.

⊘ 겉으로는 차가워 보이지만 따뜻한 마음을 가지고 있습니다.

⊘ 정이 많은 사람으로 감수성이 풍부합니다.

⊘ 경제적 안정이나 가정을 우선순위에 놓는 사람으로, 자질구레한 것들을 버리지 못하고 쌓아두는 경향을 가지고 있을 수도 있습니다.

⊘ 작은 일에도 자존심에 쉽게 상처를 받습니다.

⊘ 감정의 기복이 심할 수 있습니다.

⊘ 스트레스를 받을 때 누구도 어쩌지 못하는 고집쟁이가 될 수 있습니다.

⊘ 사람들과 어울리기보다는 혼자 있기를 좋아할 수 있습니다.

⊘ 사람이나 사물에게 집착할 수 있습니다.

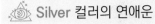

연애운에서 Silver는 솔로의 연애운 중에 짝사랑을 하는 상황에서 주로 등장합니다.

애인이 있는 상황이라면 지금의 상황에 만족하지 못하는 모습입니다. 애인과 떨어져 지내고 있을 가능성이 있습니다.

부부의 연애운이라면 가정문제로 인한 불화가 있으며 근심·걱정이 있는 모습입니다.

긍정적인 유니버셜 웨이트 타로와 나왔을 때는 나쁜 상황은 아니지만 만족하지 못하고 더 잘해주길 기대하는 상황이며 자상하지만 지나치면 간섭으로 상대를 피곤하게 할 수도 있습니다.

✦ Silver 컬러의 금전운

금전운에서 Silver는 나쁜 상황은 아니지만 본인은 만족하지 못하고 있습니다.

돈에 대한 욕심은 많으나 실천력은 부족한 편입니다.

금전과 관련하여 하고 싶은 것이 있고 그것을 실행하려 할 때 자주 등장합니다.

가족 문제로 인한 지출이 있을 수 있습니다.

✦ Silver 컬러의 매매운, 합격운

매매운에서 실버는 원하는 가격에 매매가 이루어지기는 힘이 들지만 그래도 어느 정도는 괜찮은 금액에 매매가 이뤄질 수 있습니다. 하지만 본인은 만족하지 못합니다.

부정적인 유니버셜 웨이트타로와 나온다면 매매가 이루어지지 않고 이루어지길 바라는 모습입니다.

합격운이라면 긍정적인 유니타로와 나온다면 본인의 기대치는 아니지만 어느정도 괜찮은 성적에 합격 가능성이 있고 부정적인 유니타로와 나온다면 합격의 가능성이 작습니다.

Silver 컬러의 진로 적성

이 색은 가족 또는 여성과 연관된 직업이 좋습니다.

- 가업계승, 귀금속, 여성 관련업, 산부인과, 산후조리원, 사회복지사, 패밀리 비지니스, IT, 최첨단산업, 자동차, 우주개발

 Silver 컬러의 건강운

- 산부인과, 부인과 질환

퀴즈로 배우는 컬러타로 ①

1. 스트레스를 많이 받고 있을 때 나올 수 있는 컬러는 무엇인가?

① 빨간색 Red   ② 녹색 Green   ③ 검은색 Black   ④ 은색 Silver

2. 시간이 오래 걸리고 그 시간만큼 힘들지만 결과물은 큰 컬러는 무엇인가?

① 구리색 Copper   ② 고동색 Old Copper   ③ 반투명 Translucence   ④ 황토색 Ocher

3. 책임감, 정신력, 의지가 강한 컬러는 무엇인가?

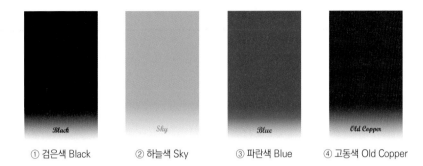

① 검은색 Black   ② 하늘색 Sky   ③ 파란색 Blue   ④ 고동색 Old Copper

4. 여성적인 성향의 컬러를 모두 고르시오?

① 은색 Silver   ② 터키옥색 Turquoise   ③ 핑크색 Pink   ④ 오렌지색 Orange

5. 결혼과 관련이 가장 많은 컬러는?

① 녹색 Green   ② 빈티지색 Vintage   ③ 구리색 Copper   ④ 반투명 Translucence

6. 영적인 전문가의 컬러로서 신비로움을 나타내어 타로샵 등에서 많이 사용하는 컬러는?

① 빨간색 Red ② 보라색 Violet ③ 은색 Silver ④ 터키옥색 Turquoise

7. 동성연애와 같은 성소수자와 연관 있는 컬러를 모두 고르시오?

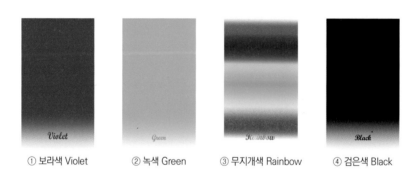

① 보라색 Violet ② 녹색 Green ③ 무지개색 Rainbow ④ 검은색 Black

8. 연애운에서 순정 만화같은 달달한 사랑을 나타내는 컬러는?

① 하늘색 Sky ② 핑크색 Pink ③ 금색 Gold ④ 구리색 Copper

9. 한 치 앞을 볼 수 없어 갑갑하고 답답한 상황의 컬러는 무엇인가?

① 무지개색 Rainbow   ② 노란색 Yellow   ③ 회색 Gray   ④ 다채색 Various

10. 건강운에서 우울증과 같은 정신병과 연관되는 컬러는 어떤 컬러인가?

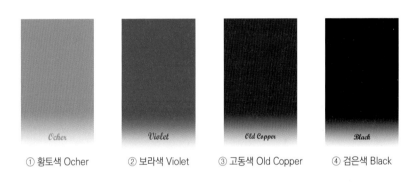

① 황토색 Ocher   ② 보라색 Violet   ③ 고동색 Old Copper   ④ 검은색 Black

11. 연애운에서 가족이나 가까운 지인으로부터 소개를 받을 수 있는 컬러는?

① 핑크색 Pink   ② 터키옥색 Turquoise   ③ 은색 Silver   ④ 녹색 Green

12. 가장 고집이 센 컬러는 무엇인가?

① 다채색 Various ② 고동색 Old Copper ③ 빈티지색 Vintage ④ 황토색 Ocher

13. 인간이 즐길 수 있는 각종 쾌락과 관련 있는 컬러는 무엇인가?

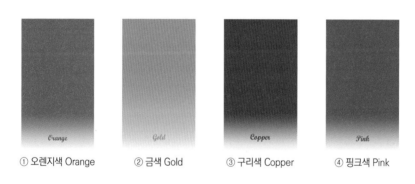

① 오렌지색 Orange ② 금색 Gold ③ 구리색 Copper ④ 핑크색 Pink

14. 1인자가 될 수 없는 슬픔의 컬러로서 생각이 많아 쉽게 잠들지 못하는 컬러는 어떤 컬러인가?

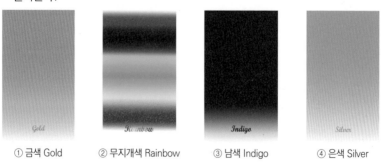

① 금색 Gold ② 무지개색 Rainbow ③ 남색 Indigo ④ 은색 Silver

쉽고 재미있는 레드썬의 컬러타로

15. 같이 사용하는 덱의 영향을 받지 않는 컬러를 모두 고르시오?

① 빨간색 Red   ② 빈티지색 Vintage   ③ 회색 Gray   ④ 노란색 Yellow

16. 되돌릴 수 없는 완전한 끝을 의미하는 컬러는 무엇인가?

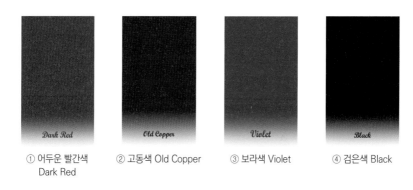

① 어두운 빨간색   ② 고동색 Old Copper   ③ 보라색 Violet   ④ 검은색 Black
Dark Red

17. 금전운에서 사치성이 많은 컬러는?

① 파란색 Blue   ② 황토색 Ocher   ③ 구리색 Ocher   ④ 하늘색 Sky

18.직장을 휴직하고 쉬고 있을 때 나올수 있는 컬러는 어떤 컬러인가?

① 검은색 Black   ② 회색 Gray   ③ 오렌지색 Orange   ④ 빨간색 Red

19. 금전운에서 유산을 물려받을 수 있는 컬러는?

① 터키옥색 Turquoise   ② 보라색 Violet   ③ 검은색 Black   ④ 고동색 Old Copper

20. 건강 운에서 과거에 병이 재발 될 수 있는 컬러는 무엇인가?

① 오렌지색 Orange   ② 녹색 Green   ③ 무지개색 Rainbow   ④ 빈티지색 Vintage

21. 진로적성에서 지식인으로 교수나 학자에 어울리는 컬러는?

① 회색 Gray   ② 녹색 Green   ③ 반투명 Translucence   ④ 다채색 Various

22. 간이나 신장 건강을 조심해야 하는 컬러는?

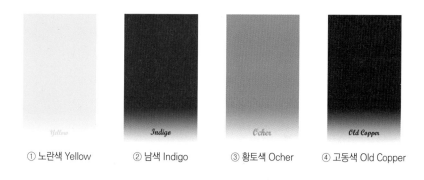

① 노란색 Yellow   ② 남색 Indigo   ③ 황토색 Ocher   ④ 고동색 Old Copper

23. 근면 성실하고 규칙적인 생활을 하는 컬러는 무엇인가?

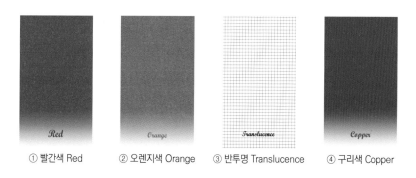

① 빨간색 Red   ② 오렌지색 Orange   ③ 반투명 Translucence   ④ 구리색 Copper

24. 그때그때 상황에 따른 대처를 가장 잘하는 컬러는 무엇인가?

① 황토색 Ocher 　② 구리색 Copper 　③ 고동색 Old Copper 　④ 빈티지색 Vintage

25. 노력한 만큼 결과를 받을 수 있는 컬러는 무엇인가?

① 금색 Gold 　② 무지개색 Rainbow 　③ 하늘색 Sky 　④ 터키옥색 Turquoise

퀴즈로 배우는 컬러타로① 정답

문제 1.

Red

① 빨간색 Red

문제 2.

Old Copper

② 고동색 Old Copper

문제 3.

Blue

③ 파란색 Blue

문제 4.

①·②·③

문제 5.

Translucence

④ 반투명 Translucence

문제 6.

Violet

② 보라색 Violet

문제 7.

①·②·③

문제 8.

Pink

② 핑크색 Pink

문제 9.

Gray

③ 회색 Gray

문제 10.

Violet

② 보라색 Violet

문제 11.

Turquoise

② 터키옥색 Turquoise

문제 12.

Old Copper

② 고동색 Old Copper

문제 13.

Orange

① 오렌지색 Orange

문제 14.

Silver

④ 은색 Silver

문제 15.

Red | Gray

①빨간색·③회색

문제 16.

Old Copper

② 고동색 Old Copper

문제 17.

Blue

① 파란색 Blue

문제 18.

Black

① 검은색 Black

문제 19.

Turquoise

① 터키옥색 Turquoise

문제 20.

Vintage

④ 빈티지색 Vintage

문제 21.

Gray

① 회색 Gray

문제 22.

Old Copper

④ 고동색 Old Copper

문제 23.

Translucence

③ 반투명 Translucence

문제 24.

Ocher

① 황토색 Ocher

문제 25.

Sky

③ 하늘색 Sky

1. 건강 운에서 피부병과 연관있는 컬러는 무엇인가?

① 다채색 Various

② 파란색 Blue

③ 회색 Gray

④ 빈티지색 Vintage

2. 그리움이란 상징성을 가지고 있는 컬러는 무엇인가?

① 황토색 Ocher

② 구리색 Copper

③ 은색 Silver

④ 빈티지색 Vintage

3. 정절을 나타내는 컬러를 모두 고르시오?

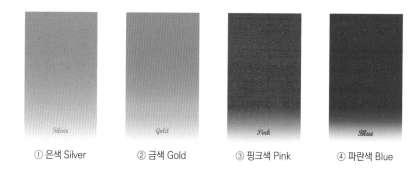

① 은색 Silver　　② 금색 Gold　　③ 핑크색 Pink　　④ 파란색 Blue

4. 결혼과 관련있는 컬러를 모두 고르시오?

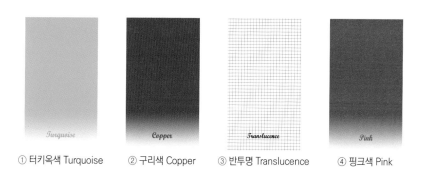

① 터키옥색 Turquoise　　② 구리색 Copper　　③ 반투명 Translucence　　④ 핑크색 Pink

5. 건강 운에서 가족 유전병이나 만성질환을 나타내는 컬러는 무엇인가?

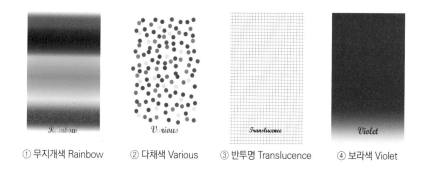

① 무지개색 Rainbow　　② 다채색 Various　　③ 반투명 Translucence　　④ 보라색 Violet

6. 귀인의 도움을 받을수 있는 컬러는 무엇인가?

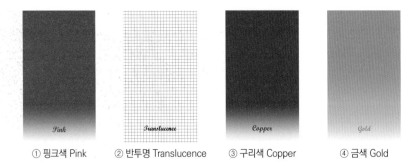

① 핑크색 Pink　　② 반투명 Translucence　　③ 구리색 Copper　　④ 금색 Gold

7. 인내와 희생을 할 때 나올 수 있는 컬러는 무엇인가?

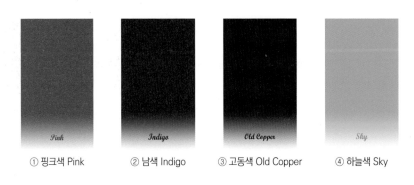

① 핑크색 Pink　　② 남색 Indigo　　③ 고동색 Old Copper　　④ 하늘색 Sky

8. 현실적이며 계산적인 성향의 컬러는 무엇인가?

① 오렌지색 Orange　　② 노란색 Yellow　　③ 녹색 Green　　④ 파란색 Blue

9. 성격에서 구속받기를 싫어하는 자유로운 영혼을 나타내는 컬러는 무엇인가?

① 무지개색 Rainbow   ② 고동색 Old Copper   ③ 노란색 Yellow   ④ 다채색 Various

10. 인간관계에서 속마음을 드러내지 않는 컬러를 모두 고르시오?

① 밝은 빨간색
Light Red
② 회색 Gray   ③ 검은색 Black   ④ 노란색 Yellow

11. 식욕을 자극시키는 컬러를 모두 고르시오?

① 남색 Indigo   ② 금색 Gold   ③ 오렌지색 Orange   ④ 빨간색 Red

12. 보수적이며 책임감이 강한 리더로서 어울리는 컬러는 어떤 컬러인가?

① 무지개색 Rainbow   ② 빈티지색 Vintage   ③ 파란색 Blue   ④ 빨간색 Red

13. 해외와 관련있는 컬러는 무엇인가?

① 파란색 Blue   ② 남색 Indigo   ③ 구리색 Copper   ④ 황토색 Ocher

14. 구설수에 오를 수 있어 언행을 조심해야 하는 컬러는 무엇인가?

① 어두운 보라색
Dark Violet   ② 남색 Indigo   ③ 어두운 파란색
Dark Blue   ④ 다채색 Various

15. 스튜어디스로 어울리는 컬러는 어떤 컬러인가?

① 터키옥색 Turquoise

② 은색 Silver

③ 하늘색 Sky

④ 노란색 Yellow

16. 사업을 하려고 할 때 마음먹은 대로 자연스럽게 진행되는 컬러는 어떤 컬러인가?

① 밝은 빨간색
Light Red

② 녹색 Green

③ 파란색 Blue

④ 무지개색 Rainbow

17. 남성적이며 성공, 부, 명예등과 관련있는 컬러는 무엇인가?

① 금색 Gold

② 은색 Silver

③ 터키옥색 Turquoise

④ 빈티지색 Vintage

18. 종교와 가장 관련이 없는 컬러는 무엇인가?

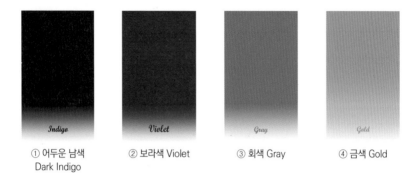

① 어두운 남색
Dark Indigo

② 보라색 Violet

③ 회색 Gray

④ 금색 Gold

19. 다음 중에서 임신과 관련 있는 카드를 모두 고르시오?

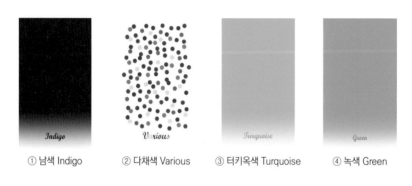

① 남색 Indigo

② 다채색 Various

③ 터키옥색 Turquoise

④ 녹색 Green

20. 성격에서 어디서 누구와 만나든 가장 잘 적응하는 컬러는 무엇인가?

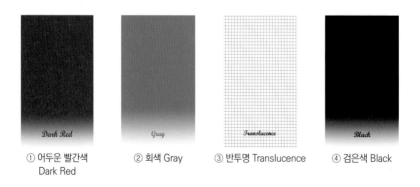

① 어두운 빨간색
Dark Red

② 회색 Gray

③ 반투명 Translucence

④ 검은색 Black

21. 욕심이나 욕망이 가장 많은 컬러는 어떤 컬러인가?

① 어두운 오렌지색
Dark Orange

② 노란색 Yellow

③ 파란색 Blue

④ 무지개색 Rainbow

22. 건강운에서 큰 병은 없지만 잔병이 많을 수 있는 컬러는 무엇인가?

① 고동색 Old Copper

② 다채색 Various

③ 보라색 Violet

④ 어두운 파란색
Dark Blue

23. 연애운에서 짝사랑을 나타내는 컬러카드는 무엇인가?

① 터키옥색 Turquoise

② 남색 Indigo

③ 빨간색 Red

④ 다채색 Various

24. 집중력을 높일 수 있지만 금방 싫증이 날 수 있는 컬러는?

① 파란색 Blue   ② 밝은 빨간색 Light Red   ③ 어두운 오렌지색 Dark Orange   ④ 노란색 Yellow

25. 다음중에서 가장 적극적으로 행동하는 컬러카드는 어떤 것인가?

 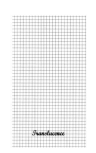  

① 구리색 Copper   ② 반투명 Translucence   ③ 다채색 Various   ④ 무지개색 Rainbow

쉽고 재미있는 레드썬의 컬러타로

퀴즈로 배우는 컬러타로② 정답

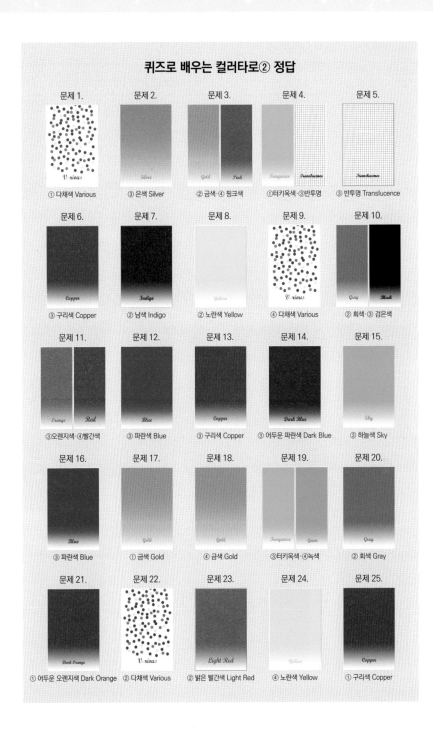

문제 1.
① 다채색 Various

문제 2.
③ 은색 Silver

문제 3.
② 금색·④ 핑크색

문제 4.
①터키옥색·③반투명

문제 5.
③ 반투명 Translucence

문제 6.
③ 구리색 Copper

문제 7.
② 남색 Indigo

문제 8.
② 노란색 Yellow

문제 9.
④ 다채색 Various

문제 10.
② 회색·③ 검은색

문제 11.
③오렌지색·④빨간색

문제 12.
③ 파란색 Blue

문제 13.
③ 구리색 Copper

문제 14.
③ 어두운 파란색 Dark Blue

문제 15.
③ 하늘색 Sky

문제 16.
③ 파란색 Blue

문제 17.
① 금색 Gold

문제 18.
④ 금색 Gold

문제 19.
③터키옥색·④녹색

문제 20.
② 회색 Gray

문제 21.
① 어두운 오렌지색 Dark Orange

문제 22.
② 다채색 Various

문제 23.
② 밝은 빨간색 Light Red

문제 24.
④ 노란색 Yellow

문제 25.
① 구리색 Copper

1. 건강 운에서 피부병과 연관있는 컬러는 무엇인가?

　① 불같이 뜨겁고 정열적이다.　　　　② 4차원적인 독특한 성격이다.

　③ 지적인 호기심이 많은 성격이다.　　④ 어머니 같은 포용력이 많다.

2. 다음 카드 중에서 금전적인 손실이 가장 큰 것은 어느 카드인가?

① 어두운 남색 Dark Indigo　② 검은색 Black　③ 어두운 보라색 Dark Violet　④ 어두운 빨간색 Dark Red

3. 다음 중에서 욕심이나 욕망과 관련된 카드는 어느 카드인가?

① 어두운 빨간색 Dark Red　② 어두운 오렌지 Dark Orange　③ 금색 Gold　④ 회색 Gray

4. 다음 중에서 책임감이 강한 카드는 무엇인가?

① 노란색 Yellow   ② 은색 Silver   ③ 남색 Indigo   ④ 파란색 Blue

5. 연애운에서 바람둥이와 관련 있는 카드는?

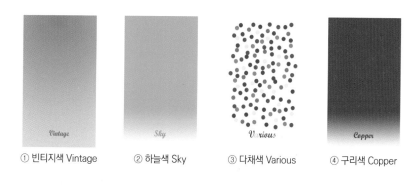

① 빈티지색 Vintage   ② 하늘색 Sky   ③ 다채색 Various   ④ 구리색 Copper

6. 임신 운에서 유산과 관련 있는 카드는 무엇인가?

① 어두운 파란색 Dark Blue   ② 고동색 Old Copper   ③ 반투명 Translucence   ④ 밝은 녹색 Light Green

7. 연애운에서 권태기가 왔을 때 나올 수 있는 카드는 무엇인가?

① 터키옥색 Turquoise　② 반투명 Translucence　③ 빨간색 Red　④ 검은색 Black

8. 레드썬 컬러타로는 한 셋트가 총 (　)색이 두 장씩 총 (　)으로 구성되어 있다.

　① 33. 66　　　　　　② 34. 68
　③ 35. 70　　　　　　④ 36. 72

9. 유니버셜 웨이트카드의 소드 3번 상처받는 카드와 Turquoise가 나왔다면 어떤 이유로 상처받았을까?

　① 다툼과 분쟁으로 인해 상처받았다.
　② 가족이나 가까운 지인으로 인해 상처받았다.
　③ 금전적인 문제로 상처받았다.
　④ 배신 배반으로 인해 상처받았다.

10. Red의 성격이 아닌 것은?

　① 승부욕이 강하다.　　　　② 따지기를 좋아한다.
　③ 나서기를 좋아한다.　　　④ 매사에 열정적이다.

11. 가족 유전병이나 만성질환을 나타내는 컬러는 무엇인가?

① 반투명 Translucencee   ② 황토색 Ocher   ③ 구리색 Copper   ④ 다채색 Various

12. Blue의 직업으로 맞는 것은 어느 것인가?

   ① 세무사   ② 타로 상담사

   ③ 운동선수   ④ 소방관

13. 연애 운에서 과거, 현재, 미래로 보는 쓰리 카드 배열법에서 과거 자리에 Dark Green카드가 나왔을 때의 해석으로 맞는 것은?

   ① 과거의 큰 어려움이 있었지만, 위기를 극복하면 미래는 좋아질 것이다.

   ② 상대가 바람을 피워 큰 싸움이 있었다.

   ③ 서로 성향이 맞지 않아 어려움이 있었다.

   ④ 경제적으로 연애하기 힘든 상황이었다.

14. 연애 운에서 운명적인 만남을 나타내는 컬러는?

① 하늘색 Sky   ② 흰색 White   ③ 무지개색 Rainbow   ④ 금색 Gold

15. 여성적인 성향의 컬러가 아닌 것은?

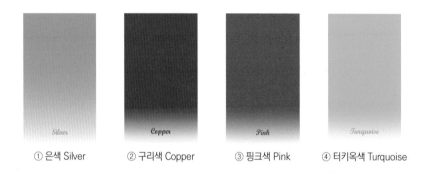

① 은색 Silver　② 구리색 Copper　③ 핑크색 Pink　④ 터키옥색 Turquoise

16. 금전운에서 돈이 사방팔방 여러 곳으로 흩어지는 카드는 무엇인가?

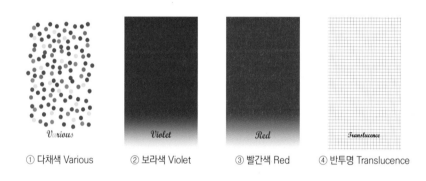

① 다채색 Various　② 보라색 Violet　③ 빨간색 Red　④ 반투명 Translucence

17. 건강 운에서 비만과 연관 있는 컬러는 어떤 컬러인가?

① 녹색 Green　② 보라색 Violet　③ 노란색 Yellow　④ 오렌지색 Orange

18. 전도체로서 소통과 관련 있는 컬러는 무엇인가?

① 구리색 Copper

② 녹색 Green

③ 하늘색 Sky

④ 빈티지색 Vintage

19. 솔로의 연애운에서 Orange가 나왔다면 어디서 만날 가능성이 있는가?

① 학교나 직장　　　　　　　② 꽃놀이 구경 가서
③ 친구의 소개　　　　　　　④ 클럽이나 헌팅포차

20. 다음 중 Gold의 특성이 아닌 것은?

① 점점 더 좋아진다.　　　　② 점점 더 안 좋아진다.
③ 금전이나 건강과 관련 있다.　④ 결혼과 관련 있다.

퀴즈로 배우는 컬러타로③ 정답

1) ③ 2) ④ 3) ② 4) ④ 5) ③ 6) ① 7) ④ 8) ④ 9) ② 10) ②
11) ① 12) ④ 13) ③ 14) ① 15) ② 16) ① 17) ④ 18) ① 19) ④ 20) ④

1) 다음 중 Turquoise의 성격이 아닌 것은?

   ① 부드럽고 우아함을 풍깁니다.   ② 볼수록 편안하며 매력적인 사람입니다.

   ③ 여성이라면 현모양처 스타일입니다.   ④ 낭만적이며 가정적인 사람입니다.

2) 건강 운에서 Old Copper는 어떤 건강의 문제인가?

   ① 위   ② 사고사   ③ 간, 신장   ④ 초기암

3) 금전 운에서 Copper에 해당되는 것은?

   ① 적자가 발생합니다.

   ② 횡재수가 있습니다.

   ③ 돈이 들어오면 다시 나가므로 저축을 하지는 못합니다.

   ④ 유산을 물려받을 수 있습니다.

4) Sky컬러의 직업으로 어울리지 않는 것은?

   ① 파일럿   ② 천문학자

   ③ 사진작가   ④ 디자이너

5) 매매운에서 1개월 안에 매매가 이루어질까요? 란 질문의 결과 자리에 Indigo가 나왔을 때 어울리지 않는 해석은?

   ① 1개월이 끝나갈 즈음 원하는 조건으로 매매가 이루어진다.

   ② 지금의 조건으로는 1개월 안에 매매가 힘들다.

   ③ 매매 금액을 조정할 필요가 있다.

   ④ 1개월이 지나고 시간이 지나면 거래가 가능할 수 있다.

6) Pink의 연애운과 관련 없는 것은?

    ① 달콤한 사랑을 한다.   ② 천생연분을 만날 수 있다.

    ③ 결혼할 수 있다.   ④다른 사람을 만날 수 있다.

7) 사업 운에서 Ocher와 관련 있는 것은 무엇인가?

    ① 예전부터 하고 싶었던 사업이다.

    ② 쉽게 안정을 찾을 수 있지만 큰 돈을 버는 것은 아니다.

    ③ 오랜 시간 고생을 하겠지만 결국에는 큰 돈을 벌 수 있다.

    ④ 동업을 할 수 있다.

8) 부부운에서 Black이 나왔다면 어떤 상황인가?

    ① 권태기   ② 이혼소송   ③ 부부싸움   ④ 임신

9) 건강 운에서 Various가 나왔다면 어떤 건강의 문제인가?

    ① 약물중독   ② 호흡기질환

    ③ 부인과 질환   ④ 피부질환

10) 연애 운에서 Vintage가 나왔을 때 해석으로 어울리는 것은?

    ① 오래전 알던 사람을 다시 만날 수 있다.

    ② 짝사랑을 하고 있다.

    ③오랫동안 사귀고 있는 사람이다.

    ④ 낭만적인 사랑을 하고 있다.

11) 다음 중에서 Indigo의 해석이 아닌 것은 무엇인가?

    ① 인내   ② 희생   ③ 절망   ④ 고민

12) 다음 중에서 남자친구를 만날 수 있을까? 란 질문에서 Various가 나왔을 때 해석
    으로 옳 은 것은?

    ① 친구와 사귀던지 친구의 소개로 만날 수 있다.

② 애인보다 돈이 더 좋은 사람으로 돈을 애인이라 생각한다.

③ 결혼할 상대를 만나게 된다.

④ 자유분방하고 생각이 많아 애인을 만나기 어렵다.

13) 건강 운에서 Vintage가 나왔다면 어떤 건강의 문제인가?

① 만성질환   ② 가족 유전병

③ 예전 앓았던 병의 재발   ④ 내가 아닌 가족의 건강문제

14) 직장운에서 부정적인 유니버셜 웨이트타로와 Green카드가 나왔다면 어떤 문제인가?

① 인간관계 문제   ② 돈 문제

③ 휴직 문제   ④ 승진 문제

15) 다음 중에서 Violet과 관련이 없는 것은 무엇인가?

① 힘과 권위   ② 4차원

③ 영적인 지도자   ④ 지적인 모험가

16) 다음 중에서 Dark Blue와 관련이 없는 것은 무엇인가?

① 현실적으로 어려움에 처해있다.   ② 구설수에 오를 수 있다.

③ 마음이 편안하지 않다.

④ 마음먹은 대로 자연스럽게 진행되지 않는다.

17) 해외와 관련이 없는 것은 어떤 컬러인가?

① 터키옥색 Turquoise   ② 구리색 Copper   ③ 녹색 Green   ④ 하늘색 Sky

18) 건강 운에서 Ocher에 해당되는 것은?

    ① 식중독   ② 아토피

    ③ 간   ④ 대장

19) 금전 운에서 Black과 관련 없는 것은 무엇인가?

    ① 큰돈을 지출할 일이 생긴다.

    ② 금전 활동이 중단되었다.

    ③ 지금은 금전 활동을 시작하기에 좋지 않다.

    ④ 돈은 있지만 내 맘대로 사용할 수 없는 돈이 있다.

20) Silver와 관련 없는 것은 무엇인가?

    ① 1인자가 될 수 없는 슬픔의 컬러로서 생각이 많아 쉽게 잠들지 못한다.

    ② 어머니나 여성성과 관련이 있어 모성애가 강하다.

    ③ 나쁜 결과는 아니지만 본인은 그 이상을 바라기에 만족하지 못한다.

    ④ 문제가 생기면 남 탓을 하는 경향이 있다.

퀴즈로 배우는 컬러타로④ 정답

1) ② 2) ③ 3) ③ 4) ④ 5) ① 6) ③ 7) ② 8) ① 9) ④ 10) ①

11) ③ 12) ④ 13) ③ 14) ① 15) ④ 16) ① 17) ③ 18) ④ 19) ① 20) ④

1) 공무원 시험에 합격할 수 있을까요? 란 질문에서 긍정적인 유니버셜 웨이트타로와 red가 나왔을 때의 해석으로 옳은 것은?

　① 수석으로 합격한다.

　② 안정적으로 합격할 수 있다.

　③ 가족이나 가까운 지인의 도움으로 합격할 수 있다.

　④ 자신감이 있었으나 합격하기 힘들다.

2) 매매 운에서 부정적인 유니버셜 웨이트타로와 Yellow가 나왔을 때의 해석으로 옳은 것은?

　① 현실적으로 지금은 매매가 이루어지기 힘들다.

　② 진행 과정이 어렵지만 매매가 이루어진다.

　③ 지인들의 도움으로 매매가 이루어진다.

　④ 매매가 이루어 지지만 만족스런 거래는 아니다.

3) 사업을 해도 좋을까요? 에서 긍정적인 유니버셜 웨이트타로와 Indigo가 나왔을 때 올바른 해석은?

　① 안정적으로 사업을 시작할 수 있다.

　② 불안한 마음에 사업을 시작하지 못한다.

　③ 지금은 인내하고 준비하며 더 기다릴 필요가 있다.

　④자리잡을 때까지 시간이 오래 걸리지만 크게 성공할 수 있다.

4) 건강 운에서 긍정적인 유니버셜 웨이트타로와 Dark Orange가 나왔다면 어떤 상태인가?

    ① 지금은 건강한 상태이다.

    ② 비만이나 당뇨를 조심해야 한다.

    ③ 전염병을 조심해야 한다.

    ④ 교통사고를 조심해야 한다.

5) 연애운에서 긍정적인 유니버셜 웨이트타로와 Dark Green이 나왔을 때의 올바른 해석은?

    ① 조화롭게 서로를 이해하며 잘 만나고 있다.

    ② 책임감이 강하고 일편단심이다.

    ③ 경제적으로 어려움이 있다.

    ④ 서로 조화를 이루지 못하고 성격 차이가 있다.

6) 원하는 대학에 갈 수 있을까요? 질문에서 긍정적인 유니버셜 웨이트타로와 Indigo 카드가 나왔을 때의 해석으로 옳지 않은 것은?

    ① 지금 상태로 원하는 대학은 힘들고 한단계 낮은 학교를 가야한다.

    ② 지금 상태로는 원하는 대학에 갈 수 없지만 남은 기간동안 더 많이 노력한다면 가능성이 있다.

    ③ 재수를 한다면 다음 시험에서는 원하는 대학에 갈 수 있다.

    ④ 만족스러운 점수는 아니지만 원하는 대학에 갈 수 있다.

7) 금전 운에서 긍정적인 유니버셜 웨이트타로와 Silver카드가 나왔을 때의 해석으로 올바른 것은?

    ① 안정적으로 금전 활동을 하고 있다.

    ② 나쁜 것은 아니지만 본인은 만족하지 못한다.

    ③ 복권 당첨같은 횡재수가 있다.

    ④ 돈이 들어오면 나가지만 적자를 보는 것은 아니다.

8) 건강 운에서 긍정적인 유니버셜 웨이트타로와 Gold가 나왔다면 건강 상태는?

① 심장에 문제가 의심된다,　　　　② 백혈병이 의심된다.

③ 지금 매우 건강한 상태이다.　　　④ 만성질환을 조심해야 한다.

9) 사업을 해도 될까요? 에서 긍정적인 유니버셜 웨이트타로와 Violet카드가 나왔다면 올바른 해석은?

① 사업을 하면 적자를 본다.

② 안정적으로 시작할 수 있으니 빨리 시작하는 것이 좋다.

③ 동업을 하는 것이 좋다.

④ 사업을 해도 나쁜 것은 아니지만 걱정스러운 마음에 시작하지 못한다.

10) 연애 운에서 부정적인 유니버셜 웨이트타로와 Sky카드가 나왔을 경우 올바르지 않은 해석은?

① 서로 노력하지 않아서 연애 상황이 좋지 않다.

② 경제적인 어려움으로 연애 상황이 좋지 않다.

③ 운명적으로 어울리지 않는 사람일 수 있다.

④ 진실하지 않아서 연애 상황이 좋지 않다.

11) 매매 운에서 부정적인 유니버셜 웨이트타로와 Dark Blue가 나왔다면 어떻게 될까?

① 내가 생각한 것과 다르게 자연스럽게 매매가 이루어지지 않는다.

② 매우 만족스러운 가격에 매매가 이루어진다.

③ 매매가 되긴 하겠지만 만족스러운 가격은 아니다.

④ 현실적인 이유로 매매가 이루어지기 어렵다.

12) 상대방의 속마음에 긍정적인 유니버셜 웨이트타로와 Light Red의 해석이 아닌 것은?

① 열정적으로 사랑하고 있다.

② 약간의 스트레스를 받고 있다.

③ 주도권을 쥐고 리드하려고 한다.

④ 상대에 대한 책임감이 강하다.

13) 진로적성에서 부정적인 유니버셜 웨이트타로와 Yellow가 나왔을 때 어울리지 않는 직업은?

   ① 회계사   ② 세무사

   ③ 감정평가사   ④ 사회복지사

14) 3개월 안에 장사를 시작해도 좋을까요? 질문에서 긍정적인 유니버셜 웨이트타로와 Dark Green이 나왔다면 어떤 해석이 가장 좋을까?

   ① 장사를 하면 손해 보니 하지 말아야 한다.

   ② 3개월 동안 더 준비하고 3개월이 끝나갈 즈음 시작하는 것이 좋다.

   ③ 3개월 안에 시작하면 큰돈을 벌 수 있다.

   ④ 3개월 안에 장사를 시작하면 내가 생각한 것 만큼은 아니지만 괜찮다.

15) 타로공부를 하고 있는데 6개월 안에 타로상담사로 성공할 수 있을까요? 란 질문에서 부정적인 유니버셜 웨이트타로와 Translucence카드가 나왔을 때 가장 어울리는 해석은?

   ① 6개월 안에는 성공하기 힘들고 하지 않는 것이 좋다.

   ② 6개월 안에는 성공하기 힘들지만 계속하다 보면 좋아질 수 있다.

   ③ 6개월이 끝나갈 즈음 성공할 수 있다.

   ④ 6개월 안에 무난하게 타로상담가로서 성공할 수 있다.

16) 3개월 안에 임신을 할 수 있을까요? 란 질문에서 긍정적인 유니버셜 웨이트 타로와 Ocher카드가 나왔을 대의 해석으로 옳은 것은?

   ① 3개월 안에 임신을 할 수 있지만 유산의 가능성이 있다.

   ② 3개월 안에는 임신이 안되지만 그 이후에는 임신을 할 것이다.

   ③ 3개월 안에 큰 어려움 없이 임신을 할 것이다.

   ④ 3개월 안에 임신을 하지 못하며 그 이후에도 인신이 되지 않을 것이다.

17) 건강 운에서 부정적인 유니버셜 웨이트타로와 Turquoise카드가 나왔을 때 조심해야 할 건강이 아닌 것은?

① 내가 아닌 가족 건강　　　　　② 열이 나는 질병
③ 해외에서 시작된 병　　　　　　④ 가족 유전병

18) 진로적성에서 긍정적인 유니버셜 웨이트타로와 Vintage가 나왔을 때의 추천 진로가 아닌 것은?

① 도예가　　　　　　　　　　　② 병아리 감별사
③ 공인 중계사　　　　　　　　　④ 와인 감별사

19) 솔로의 연애운에서 긍정적인 유니버셜 웨이트타로와 Orange카드가 나왔다면 어떻게 만날 가능성이 있는가?

① 클럽이나 헌팅포차　　　　　　② 친구나 친구위 소개
③ 학교나 도서관　　　　　　　　④ 교회나 성당

20) 진로적성에서 긍정적인 유니버셜 웨이트타로와 Violet 카드가 나왔을 때 추천 직업이 아닌 것은 무엇인가?

① 정신과 전문의　　　　　　　　② 천문학자
③ 타로심리상담사　　　　　　　　④ 사진작가

퀴즈로 배우는 컬러타로⑤ 정답

1) ④　2) ①　3) ③　4) ②　5) ④　6) ④　7) ②　8) ③　9) ④　10) ②

11) ①　12) ④　13) ④　14) ②　15) ②　16) ③　17) ④　18) ③　19) ①　20) ④

쉽고 재미있는 레드썬의 컬러타로

배열법

쓰리카드 배열법

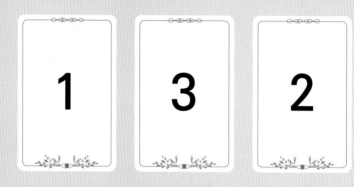

쓰리카드 배열법은 타로 상담시에 가장 흔하게 사용하는 배열법입니다.
기본적으로 Yes 또는 No의 결과를 묻는 질문에 또는 앞으로 펼쳐질 상황에 대하여 알 수 있습니다.
먼저 본인이 사용하는 덱을 펼친 후 세장을 뽑고 그 다음 컬러타로를 펼쳐서 세장을 뽑습니다. 과거 현재 미래로 볼수도 있고 현재 진행사항 결과로 볼 수도 있고 상황에 맞게 순서를 정하여 보면 됩니다.

---

1 과거 상황, 현재 상황, 어제, 아침
2 현재 상황, 진행사항, 오늘, 점심
3 미래 상황, 결과, 내일, 저녁

비교 배열법

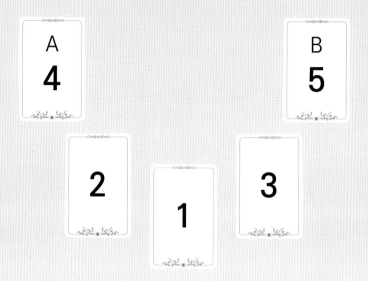

비교배열법은 A와 B 또는 A, B, C의 상황에 대하여 어떤 선택이 더 좋은 가를 알아보기 위하여 보는 방법입니다. 여기서 주의할점은 A와 가 내담자가 선택을 할수 있어야 합니다.

예를 들어 합격을 할수 있을까요? 없을까요? 질문한다면 그것은 내담자가 선택할 수 있는 사항이 아니기에 올바르지 않은 배열법입니다. 비교배열법은 A와 B중 어디로 지원할까요?처럼 선택할 수 있는 질문이어야 합니다.

1 현재 상태
2 A 진행사항
3 B 진행사항
4 A의 결과
5 B의 결과

금전 배열법

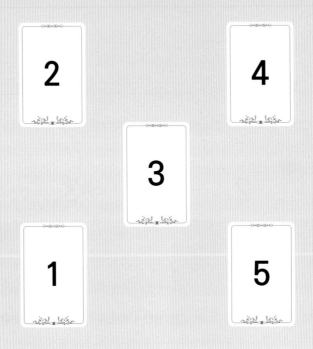

돈을 나타내는 Money의 M를 표현한 금전 배열법입니다.
순서에 맞게 카드를 배열하고 상황에 맞는 해석을 하면 됩니다. 금전 배열법의
기간은 보통은 6개월 길게는 1년을 보는데 3개월도 상관없습니다.
기간이 너무 짧을 때는 쓰리카드 배열법이 더 좋을 수도 있고 한 주 한 주 4장
을 뽑아 주간별로 보는 방법도 있습니다.

1 현재 재정 상태   4 마스터 조언
2 고정적인 수입   5 최종결과
3 돈벌 기회, 횡재수

매직 배열법

남녀의 연애운 또는 어머니와 딸 등 사람과 사람사이의 문제를 보는데 좋은 스프레드입니다. 순서대로 카드를 뽑고 위치에 맞게 해석을 하면 됩니다.

남녀의 운을 볼 경우 4번을 남자 5번을 여자로 하고, 같은 동성의 관계운을 볼 때는 4번을 상대방 5번을 내담자 마음으로 보면 됩니다.

---

1 과거 상황

2 현재 상황

3 미래 상황

4 상대방 속마음

5 내담자 속마음

6 마스터 조언

7 결과

켈틱크로스 배열법

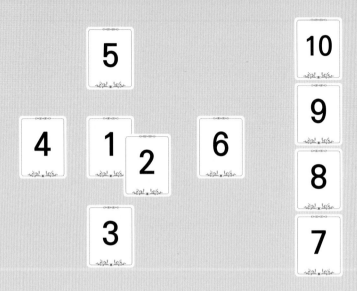

전 세계적으로 타로마스터들 사이에서 가장 유명한 배열법중 하나인 켈틱크로스 배열법입니다. 켈틱크로스는 아일랜드 지방의 가운데 부분이 둥근 십자가를 말하는데 아일랜드 지방에서 처음 사용했다고 하여 켈틱크로스라는 이름이 붙었습니다.

간단하게 6장으로 6번까지만 하는 미니 켈틱 방법이 있고, 10번까지 하는 켈틱크로스 방법이 있습니다. 카드의 배열은 반드시 순서대로 해야 하지만, 해석을 할 때는 순서가 아니더라도 가장 눈에 들어오는 부분부터 하면 좀 편하게 통변할 수 있습니다.

---

1 현재 상황

2 장애 요인

3 무의식

4 과거 상황

5 현재에서 미래로 가는 관점

6 가까운 미래

7 현재의 속마음

8 주위에서 보는 시각

9 바램이나 두려움

10 먼 미래

레드썬 궁합 배열법

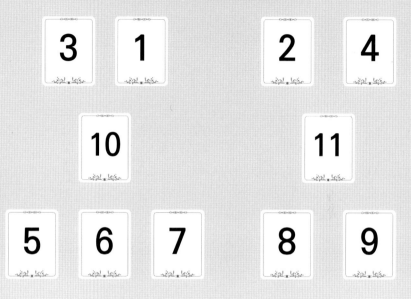

이 배열법은 궁합을 보기 위한 배열법이다. 중심을 기준으로 왼쪽(1, 3, 5, 6, 7, 10)은 남자가 뽑고, 오른쪽(2, 4, 8, 9, 11)은 여자가 뽑는다. 순서대로 남자가 1번을 뽑고 여자가 2번을, 다시 남자가 3번을 이런 식으로 순서에 맞게 뽑으면 된다. 5, 6, 7번은 상황에 맞게 과거, 현재, 미래로 볼 수도 있고 속궁합, 겉궁합, 종합 궁합으로 볼 수도 있는데, 중요한 것은 내담자의 나이나 상황을 고려하여 배열을 하기 전에 질문을 받으면서 어떤 식으로 볼 건지 결정을 해야 한다. 컬러타로는 11장을 같이 사용하는 덱은 1. 11번을 코트카드에서 뽑으면 성격을 분석하는 데 용이하다.

---

1 남자 속마음

2 여자 속마음

3 남자가 여자에게 바라는점

4 여자가 남자에게 바라는점

5 과거 상황 (속궁합)

6 현재 상황 (겉궁합)

7 미래 상황 (종합 궁합)

8 마스터 조언

9 최종 결과

레드썬 전생운 배열법(전생운, 평생운)

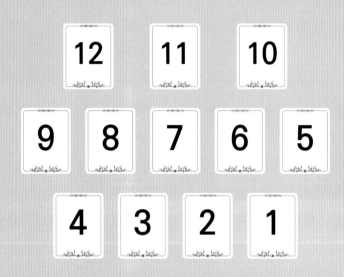

이 배열법은 전생운을 보기 위한 방법이다.

컬러타로는 12장을 순서대로 뽑으면 되고 유나나 기타와 같이 사용하는 1, 2, 3, 4번은 코트카드로, 5, 6, 7, 8, 9, 1, 11, 12번은 메이저 카드로만 뽑는 것이 좋다.

꼭 전생운만 볼 수 있는 것은 아니고, 현세의 평생운도 볼 수 있다.

---

1 나의 성격

2 부모님 성격과 나와의 관계

3 배우자 성격과 나와의 관계

4 자녀 성격과 나와의 관계

5 나의 직업

6 내가 추구하던 것

7 나는 행복했는가!

8 주위 사람들이 보는 나

9 현재 애인의 과거관계

10 어떻게 죽었는가!

11 현생에서 해야 할 일

12 다음 환생

레드썬 플라워 배열법

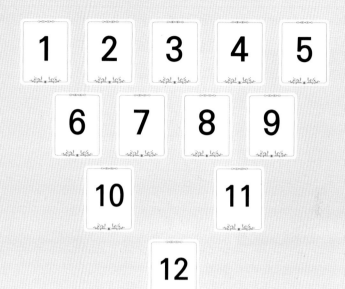

신년운세, 1년 운을 보는데 탁월한 배열법이다. 1번부터 5번까지 명리를 할 수 있는 분은 명리의 육친에 맞게 하면 된다. 명리를 모르는 분은 1번은 나 자신, 2번은 사회성, 자녀운, 3번은 금전문제, 4번은 직장, 배우자, 5번은 문서, 매매, 공부, 인복으로 해석하면 된다. 원래는 남녀에 따라 구분이 달라지지만, 타로에서는 달리할 필요 없이 남녀 모두 같은 방식으로 하는 것이 좋다. 다만 예를 들어 4번 같은 경우 나온 카드가 직장 문제인지 배우자 문제인지 카드에 따라 구별할 필요가 있다. 해석을 하다 보면 자연스럽게 구별할 수 있으니, 겁먹을 필요없이 편안하게 하면 된다.

1 나의 중요한 일

2 직장운, 사업운

3 금전운, 재물운

4 연애운, 배우자운

5 매매, 공부, 인복

6 1/4분기(봄)

7 2/4분기(여름)

8 3/4분기(가을)

9 4/4분기(겨울)

10 가장 조심할 것

11 마스터 조언

12 최종 결과

영화 속의 타로 이야기① : 레드 바이올린

레드 바이올린 The Red Violin
1998 제작 | 캐나다 | 미스터리
1999.11.06 개봉 | 청소년 관람 불가 | 131분
감독: 프랑수아 지라르
출연: 그레타 스카치, 사무엘 L. 잭슨, 옹세걸, 레미 지라드

출처: Daum영화
(https://movie.daum.net/moviedb/main?movieId=2033)

5장의 타로와 관련된 스토리인데 레드 바이올린 영화제목처럼 5장의 타로와 레드가 만났을 때의 스토리라고 할 수 있다.

안나는 자신의 아이의 미래가 궁금해 점쟁이에게 점을 보지만 점쟁이는 아이 것은 보는 것이 아니라며 안나의 타로점을 보는데 무서운 이야기를 듣게 된다.

①   ②   ③   ④   ⑤

안나가 뽑은 첫번째 카드는 달카드이다

점쟁이는 이 카드를 보고 아주 오랫동안 사람들 곁에 머물 것이라고 한다.

1681년 이태리 바이올린의 장인 부조티는 바이올린 하나 하나에 혼을 불어넣으며 완벽한 바이올린을 만드는 명인이다.

그에게는 아름다운 아내 안나가 있고 이제 얼마 안 있으면 아빠가 될 행복한 남자였다.

아내와 아이는 산고를 못이겨 죽고 만다. 슬픔과 절망에 빠진 부조티는 안나의 피로써 바이올린을 완성시킨다. 이리하여 레드 바이올린이 탄생하게 되고 이 바이올린은 오랫동안 사람들 곁에 머물게 된다.

안나가 두번째로 뽑은 카드는 매달린 남자카드이다.

점쟁이는 이 카드를 보고 질병으로 고통받게 될 것이라고 하는데 이 카드의 배경은 1793년 비엔나 알프스 아래 자리한 수도원이다. 이곳 아이들은 궁정으로 불려가게 될 날만을 기대하며 바이올린을 배운다.

레드 바이올린은 이곳에서 몇 명의 주인을 거쳐 열 살의 연약하고 어린 소년 캐스퍼에게 맡겨진다.

캐스퍼는 레드 바이올린에 집착하게 되고 천재적인 놀라운 재능으로 궁정악사가 될 기회를 부여받고 불려 가게 되지만 궁정오디션 도중 갑작스런 심장발작을 일으켜 죽고 만다.

안나가 세번째로 뽑은 카드는 악마카드이다.

점쟁이는 나쁜남자로 인해 고통받을 것이라고 한다.

레드 바이올린은 1890년대 집시의 연주 소리에 매료된 포프의 손에 들어간다.

포프는 열정적이며 천재적인 바이올리니스트이지만 그는 섹스를 하며 바이올린을 켜야만 악상이 완성되는 변태적인 성향을 지닌다.

레드 바이올린은 파격적이며 정렬적인 그에게 사랑을 받지만 포프의 외도를 본 아내에게 총을 맞아 바이올린은 파손당하고 포프는 자살한다.

안나가 네번째로 뽑은 카드는 정의카드이다

점쟁이는 박해받는다는 것을 예언하는데 1960년대 상하이 서양 사상을 배운 사람은 숙청을 당하고 서양 악기들은 불살라 버리던 중국의 문화혁명기 시대가 배경이다. 샹 페이는 소중히 간직하던 레드 바이올린을 혁명 속에서 지켜내기 위해 음악 선생에게 맡겨진다.

안나가 다섯번째 뽑은 카드는 죽음카드이다

점쟁이는 대변화가 있을 것이라고 하는데 1997년 몬트리올 경매장 바이올린 감정가 모리츠는 부조티의 작품으로 보이는 레드 바이올린을 발견한다. 상세하고 치밀한 감정 끝에 모리츠는 그 바이올린이 진품임을 알게 되고 레드 바이올린의 완벽함에 감명을 받은 모리츠는 심금을 울리는 바이올린의 비밀을 캐기 위해 철저한 조사를 의뢰하는데 거기엔 너무나도 놀라운 비밀이 담겨져 있다.

영화 속의 타로 이야기② : 영웅, 천하의 시작Hero

영웅 : 천하의 시작Hero

2002 제작 | 중국 | 액션 |
2014.03.20 개봉 | 15세 이상 관람가 | 109분
감독: 장예모
출연: 이연걸, 양조위, 장만옥, 장쯔이

출처: Daum영화
(https://movie.daum.net/moviedb/main?movieId=4142)

전국 7웅이라 불렸던 막강한 일곱 국가들이 지배하던 춘추전국시대의 중국 대륙. 각각의 왕국은 천하통일의 대업을 이루기 위해 무자비한 전쟁을 일삼고, 그 중 가장 강력한 군대를 갖고 있는 진나라 왕 영정(진도명)은 대륙 전체를 지배하여 첫 번째 황제가 되려는 야심에 가득 차 있다. 그러나 영정에게도 두려운 존재가 있었으니, 전설적인 무예를 보유하고 호시탐탐 자신의 목을 노리는 세 명의 자객 은모장천(견자단)과 파검(양조위) 그리고 비설(장만옥)이 바로 그들이다. 이에 영정은 자신의 백보 안에 그 누구도 가까이 하지 못하게 하는 백보 금지령을 내리고 현상금을 내걸어 그들을 사냥하기에 이른다.

어느 날, 지방에서 백부장으로 녹을 받고 있는 미천한 장수 무명(이연걸)이 정체 모를 세 개의 칠기상자를 가지고 영정을 찾아와 왕궁이 술렁이기 시작한다. 무명이 진시왕에게 오기까지의 과정을 담은 스토리이다.

이 영화에는 컬러를 예술적으로 아주 심도깊게 다루고 있는데 각 컬러가 사용된 장면을 이해하며 본다면 영화를 보는 재미가 배로 될 것이다

Black(검은색)

검은색은 진나라를 상징하는 전통 색상이다. 검은색은 가장 강력한 색이라고 할 수 있는데 진나라의 강한 군사력과 확고한 통치력을 상징하는 색으로 진나라의 병사들이 움직일 때면 검은 파도가 출렁이는 것 같다

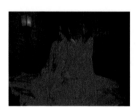 

Gray(회색)

이야기 초반 무명이 장천을 죽이는 장면에 등장하는 회색은 망각의 컬러로서 과거 그리고 숨겨진 비밀을 나타낸다.

Red(빨간색)

붉은색은 피의 컬러로서 대규모의 사람들이 죽임을 당하기 전 등장하고 붉

은색은 격렬한 감정을 나타낸다. 파검과 반목하는 비설의 모습에서 붉은색 옷을 입고 있다. 부도덕한 사랑의 컬러이기도 하다.

Orange(오렌지색)

오렌지는 파검에 대한 여월의 질투와 격렬한 애증을 나타낸다. 또한 비설을 향해 검을 들이대는 여월의 모습은 질투와 슬픔이 극에 달했음을 보여준다.

Yellow(노란색)

온통 노랑 낙엽이 떨어지는 산속에서 비설과 여월의 대결이 펼쳐지는 장면은 감탄을 불러일으키기에 충분하다. 노랑은 질투와 배신의 컬러이다

Blue(or Indigo) 파랑

진한 푸른색은 책임감과 인내와 희생을 나타낸다. 진시황을 암살하려는 무명을 위해 파검과 비설 중 한 사람은 자신을 포기해야 된다. 서로를 살리기 위해 희생하는 장면에서 짙은 푸른색 옷을 입고 있다

White(흰색)

흰색은 죽음과 부활의 컬러로서 절실한 사랑을 나타낸다. 자신의 절실한 사랑을 표현하기 위해 파검은 비설의 검에 몸을 던지고, 결국 그 슬픔으로 비설 마저 죽음을 택한다. 이에 여월은 파검에 대한 진실한 사랑을 눈물로 밖에 표현할 수 없다

Green(녹색)

녹색은 조화와 이해의 컬러이다. 과거 파검과 비설이 만나서 사랑을 나누고, 진나라 수천의 군대를 물리치고 왕궁에 침입했을 때 녹색 천이 부각되는데 파검이 진시왕을 죽일 수 있었지만 이야기를 듣고 되돌아온다.

상담사례1: 10대 소녀 합격운

어린 학생이 상담을 왔습니다.

학생의 질문은 이번에 오디션을 보러 가는데 합격할 수 있을까?입니다.

과거 현재 미래의 쓰리카드 배열법으로 상담을 진행했습니다.

과거카드에 유니버셜 웨이트타로 17번 Star, 컬러타로 Violet 타로가 나왔습니다.

과거의 자리를 이 학생의 과거의 상황과 타고난 재능으로 해석했습니다.

Star 카드는 미래에 스타가 되기 위해 꿈과 희망을 품고 노력하는 카드입니다.

아직 모든 것이 잘 갖추어진 상황은 아니지만 진실한 마음으로 꿈에 도전하는 모습이라 할 수 있습니다.

이 카드는 꿈과 희망을 품고 노력하지만 성공을 하면 커다란 노란별에 이르러 반짝반짝 빛나는 스타가 될 수 있지만 한편으로는 큰 빛을 보지 못하고 헛고생에 그칠 수 있습니다.

Violet 카드는 타고난 재능으로 보면 감수성이나 감정이 풍부하고 영적인 재능이 우수하지만 상황으로 보면 과연 내가 스타가 될 수 있을까? 불안한 마음을 나타내고 있습니다.

현재 상황에는 지금의 준비 과정을 나타내고 있는데 유니버셜 웨이트타로는 the hierophant 카드와 컬러타로는 dark Yellow 카드가 나왔습니다. the hierophant는 배움과 관련이 있을 수 있는데 빨간색과 파란색의 제자 두 명이 눈에 띄네요.

빨간색과 파란색은 서로 다른 성향입니다. 두 성향이 조화를 이루고 하나가 될 수 있다면 좋겠지만 dark Yellow나 미래의 결과 카드로 봐서는 그렇지 못한 것 같습니다.

나의 타고난 재능이나 내가 잘할 수 있는 것이 아닌 내가 가지지 못한 다른 것을 배우느라 노력하고 있지만 그것이 쉽게 내 것이 되지 못하는 상황입니다.

dark Yellow 카드는 현재 상황이 어둡다는 것을 나타내고 있습니다. Yellow 카드는 현재와 미래를 나타내는데 dark는 그것이 어둡다는 것이니 현재 상황이나 가까운 미래에는 좀 어렵다는 것입니다.

또 Yellow는 현실적인 컬러로서 dark Yellow 현실적으로 쉽지 않은 상황이라는 것이기도 합니다. 그리고 Yellow는 배움과도 연관이 있는데 dark Yellow는 지금 준비하고 배우는 과정이 잘 못 되었다는 것이기도 합니다.

이 부분에 대해 내담자는 어릴 적부터 노래 잘한다는 소리를 많이 들었고 주변 사람들이 가수 하면 잘할 거라고 해서 꿈을 꾸기 시작했든데 아이돌 가수가 되려면 춤도 춰야 한다고 해서 춤을 배우고 있는데 자신은 그게 너무 어렵고 힘들다고 합니다.

결과를 나타내는 자리에 the tower 카드와 Old Copper 카드가 나왔습니다. the tower 카드가 이번 오디션에서 떨어질 것이라는 것을 말해주고 있습니다. Old Copper는 시간이 오래 걸리지만 그 결과물은 클 수 있다는 것입니다.

즉 이번 시험은 떨어지고 가수로서 데뷔하기까지 오랜 시간이 걸리겠지만 그 시간을 이겨낼 수 있다면 나중에 크게 인정받으며 성공적으로 가수가 될 수 있다는 것입니다.

즉 이 친구는 풍부한 감성으로 다른 사람들을 감동시킬 수 있는 타고난 재능이 있지만 지금 자신의 장점을 살리는 감수성 풍부한 노래를 준비하기보다는 부족한 춤을 배우고 있으며 결과적으로 이번 시험에서는 떨어지지만 앞으로 포기하지 않고 노력한다면 나중에 큰 스타가 될 수 있다는 것입니다.

그래서 저는 이번 시험은 쉽지 않지만 포기하지 않았으면 좋겠다고 얘기해주고 춤도 좋지만 예전 김광석이나 아이유 같은 가수들처럼 춤보다 노래에 더 집중하여 자신이 가진 장점을 최대한 살리는 게 좋을 거 같다고 상담했습니다.

어떠한 상황에서 내가 잘하는 것과 부족한 것 중 어떤 것에 더 집중할 것인가는 많은 사람들의 딜레마일 수 있습니다.

축구 선수가 꿈인 아이가 있습니다. 이 친구는 순발력도 빠르고 매우 민첩하며 상황판단도 좋아 골키퍼로서 재능이 있습니다.

그런데 사람들은 말합니다. 골키퍼로는 성공하기 힘드니 공격수가 돼야 해! 그렇게 해서 슈팅 연습에 매진합니다.

이 친구는 골키퍼로 집중훈련을 하는 것이 좋을까요, 공격수를 목표로 훈련하는 게 좋을까요?

같은 축구 선수지만 골키퍼와 공격수는 큰 차이가 있습니다.

가수도 마찬가지 아닐까요? 감수성이 풍부한 가수와 춤과 노래를 잘하는 가수는 분명 차이가 있을 것입니다.

우리는 그것에 대해 이게 옳다 아니다 할 수 있는 것은 아니지만 타로를 보고 판단하고 상담하면 될 것 같습니다.

상담사례2: 50대 여, 사업운

50대 후반의 여성분이 찾아오셨습니다.

현재 식당을 운영하고 있는데 계속해도 좋을지 물어보셨습니다.

과거, 현재, 미래가 쓰리카드 배열로 상담을 진행했습니다.

과거를 나타내는 자리에 유비버셜 웨이트타로 펜타클5번과 old copper 가 나왔습니다.

펜타클 5번 카드는 상처난 몸으로 눈 내리는 길을 힘겹게 걸어가고 있습 니다.

힘든 상황을 나타내고 있고 old copper는 힘든 기간이 오래되었다는 것 을 나타내고 있습니다. 시간이 한 참 지난 후에 큰 결과를 가져올 수도 있 지만 모두가 그렇지는 않습니다. 대부분의 사람들은 그 결과를 얻기 전에 지쳐 쓰러지고 포기하는 경우가 많습니다.

현재를 나타내는 자리에는 유니버셜 웨이트타로 wheel of fortune 카 드와 red 카드가 나왔습니다. wheel of fortune카드는 부정적으로 나올 경우 반복적인 악순환을 나타내고 현재운명의 지침이 하강곡선을 그리고 있다는 것입니다. 또 다른 면에서는 지금 운명적으로 매우 중요한 시기로 변화가 필요하다는 것이기도 합니다.

red 카드는 손실을 의미하고 경고를 나타냅니다. 즉 지금 손실을 보고 있고 계속하면 좋지 않다는 경고의 메시지를 보내며 중단할 것을 요구합니다.

미래를 나타내는 자리에 유니버셜 웨이트타로 king of wands 카드와 indigo 카드가 나왔습니다. king of wands 카드는 처음 마음먹은 대로 계속하려는 마음을 나타내는데 indigo 카드는 그럴 경우 인내와 희생이 따르며 고민을 계속하게 될 것이라는 것입니다.

즉 상황이 좋아지기 힘들다는 것입니다. indigo 카드는 어떠한 상황에서는 인내와 희생을 통하여 노력할 경우 그에 다른 결과를 얻을 수도 있지만 지금의 배열에서는 현재카드의 wheel of fortune과 red의 조합이 자리하고 있기에 인내와 희생을 통한 보상의 의미보다는 계속 손해를 본다고 봐야 합니다.

즉 이분의 장사는 이미 오래전부터 힘들었고 지금도 힘들며 미래에도 힘드니 계속하기보다는 변화를 시도하라는 의미입니다.

그래서 지금의 장사를 고집하지 말고 메뉴나 업종을 바꾸던가 가게를 이전하던가 변화를 시도해야 하고 지금이 변화를 시도하기에 운명적인 타이밍이라는 것입니다. 변화하게 되면 indigo가 말하는 대로 인내와 희생이 따르겠지만 indigo는 결과를 얻기 위한 하나의 가정으로서 보상을 받게 될 수 있습니다.

이렇듯 지금의 배열에서는 indigo 상황에 따라서 부정적인 손해 또는 미래를 위한 과정으로 분류될 수 있습니다. 타로를 하나의 시선으로만 바라보기보다는 이런 다양한 상황에 따른 이해와 해석이 요구되는 배열입니다.

상담사례3: 30대 여, 임신운

30대 후반의 여성분입니다.

결혼 5년 차이고 임신이 될 수 있을까요?란 질문으로 상담을 진행했습니다.

결혼 5년 차인데 임신 질문을 했다면 그동안 임신을 하고 싶어 했는데 뜻대로 되지 않았을 가능성이 큽니다. 어떤 이유가 있었는지 살펴보겠습니다.

과거 현재 미래로 보는 쓰리카드 배열입니다.

과거 자리에는 소드3번 카드와 dark Blue카드가 나왔습니다.

소드 3번 카드는 상처와 실망을 나타냅니다. 왜 상처를 받았을까요? 그 해답은 dark Blue에 있습니다. 다크 블루는 임신에서 유산을 나타냅니다.

유산의 경험이 있냐고 물어보니 한 번 임신이 되었는데 유산되었다고 합니다. 그 유산으로 인해 상처받고 실망했으며 마음이 편하지 않은 상태입니다.

현재 자리에는 컵 10번 카드와 dark Violet 카드가 나왔습니다.

컵 10번 카드는 행복한 가정을 나타내고 있습니다. 현재 부부생활에는 큰 문제가 없고 또 아이를 낳아서 행복한 가정을 이루고 싶은 것입니다.

dark Violet 카드는 불안하고 복잡한 정신상태를 의미합니다.

즉 지금 부부 간에는 별문제가 없지만 과연 아이를 가질 수 있을까에는 불안한 마음이 크다는 것입니다. violet의 원인은 과거에서 옵니다. 과거 유산의 경험으로 인해 다시 아이를 갖지 못하는 건 아닐까 하는 불안한 마음이 큰 상태입니다.

미래자리에는 temperance 카드와 light Blue 카드가 나왔습니다.

temperance 카드는 두 컵을 섞고 있습니다. 두 사람이 하나가 되고 저 멀리 왕관이 반짝이는 것처럼 좋은 결과가 있을 것입니다.

light blue는 마음먹은 대로 자연스럽게 임신이 되지만 한편으로는 다시 유산이 될 수도 있습니다. 하지만 dark였다면 유산의 가능성이 크겠지만 light가 나왔기 때문에 유산의 가능성은 낮은 상태입니다. 하지만 temperance 카드는 절제를 나타내기에 유산에 신경 쓰고 유산을 유발시킬 수 있는 행동은 좀 조심해야 할 것 같습니다.

종합해 보면 과거 유산의 경험이 있었고 그것 때문에 불안한 마음을 가지고 있지만 곧 임신이 될 것이고 다만 유산을 유발할 수 있는 과도한 행동이나 스트레스를 줄일 필요가 있습니다.

지난 것에 대한 후회 걱정보다는 긍정적인 생각을 하고 편안한 마음으로 대처하는 것이 유산을 막을 수 있는 방법이기도 합니다.

상담 시에 지금과 같은 상황이라면 미래의 유산의 가능성을 강하게 언급하는 것은 자제해야 할 필요가 있습니다. 내담자는 과거의 유산의 경험으로 인해 불안해하고 있고 그런 스트레스로 인해 다시 유산의 가능성이 있기에 그것을 강조하기보다는 편안한 마음상태가 될 수 있도록 이야기해야 합니다.

걱정하지 마세요. 당신은 자연스럽게 아이를 가질 수 있을 것이고 이번에
는 출산하기까지 문제없이 진행되니 걱정하지 말고 편안한 마음을 가지
시기 바랍니다.

상담사례4: 40대 남, 건강운

운동을 좋아하는 40대 남자의 건강운입니다.

과거, 현재, 미래로 보는 쓰리카드 배열입니다.

먼저 카드들 중에서 눈에 띄는 것이 미래카드에 나온 컵 2번 카드와 vintage 카드입니다. 컵 2번 카드는 위태위태해 보입니다. 펜타클을 들고 있는데 그 모습이 위태위태해 보입니다.

건강운이기 때문에 펜타클을 건강으로 해석하면 미래에 건강이 위태위 태하다는 것입니다. 즉 신경쓰지 않으면 건강에 문제가 생길 수도 있다는 것입니다. 어떤 건강이 위태위태한 건지는 컬러카드를 통해 파악합니다. vintage 카드는 다른 카드와는 다르게 어떤 특정한 병명이 아닌 예전에 있었던 문제가 다시 생길 수 있다는 것입니다.

그럼 예전에 병이 무엇이었는지를 파악해야 합니다. 과거의 카드를 보니 컵 5번 카드와 Red 카드가 나왔습니다. 컵 5번 카드는 과거의 일에 대해 아쉬워하는 모습입니다.

Red는 피와 관련된 질환으로 뇌졸중 같은 피와 관련된 질병이나 사고사를 의미합니다. 그래서 내담자에게

과거에 사고 경험이 있는 것 같은데 무엇이냐고 물었습니다. 대답은 휘트니스에서 운동을 심하게 하다가 어깨와 무릎을 다친 경험이 있다고 합니다. 그 얘기는 미래에도 다시 과도한 운동으로 인해 어깨나 무릎을 다시 다칠 수 있다는 것입니다.

현재 카드를 보니 컵 7번 카드와 dark Orange 카드가 나왔습니다. 컵 7번 카드는 상상을 하고 있는 모습이고 dark Orange는 욕심이나 욕망을 나타냅니다. 즉 운동에 대한 욕심이 많다는 것입니다. 그래서 왜 운동에 욕심을 내냐고 했더니 예전에 20대 때 들던 무게가 있기 때문에 지금도 그 무게를 들어야 한다는 생각이 강하다고 합니다.

지금은 나이도 40대 중반이 되었고 다친 경험도 있기 때문에 예전 한 참 젊었을 때와는 다를 것입니다. 그러나 운동을 좋아하는 사람으로서 일종의 역기의 무게는 자존심이라 생각하는 것 같습니다.

그러나 지금처럼 무리해서 운동을 하면 또 다시 다칠 위험이 있습니다. 현재의 본인 모습을 인정하고 거기에 맞는 운동의 강약조절이 필요해 보입니다.

상담사례5: 40대 남, 직장운

 A의 결과

  B의 결과

  A의 과정

  B의 진행사항

  현재 상황

아이 둘을 키우고 있는 40대 부부가 상담을 와서 남편의 직장운을 상담했습니다.

생각하고 있는 직장이 두 곳 있는데 현재 면접까지 본 상태이고 두 곳 모두에서 출근하라고 연락이 왔는데 어디로 가는 것이 좋을지에 대한 질문이었습니다.

현재상황에는 펜타클 2번카드와 translucence 카드가 나왔습니다.

펜타클 2번 카드는 두 곳을 저울질하는 것이고 translucence는 직장, 가족과 관련이 있습니다. 가장으로서 어디를 선택하는 것이 가족에게도 좋을지 또 직장생활에도 좋을지 고민하고 있는 모습입니다.

A의 과정과 B의 과정을 보니 가장 크게 고민하고 있는 부분은 월급과 관련된 것이고 남편은 이미 A로 가겠다는 마음이 결정되어 있습니다.

A의 진행 상항에는 king of wands 카드와 dark Yellow 카드가 나왔습니다. king of wands는 이미 그곳으로 가려고 마음을 결정했다는 것이고 힘들어도 참고 버텨보겠다는 것입니다.

dark Yellow가 나왔다는 것은 A라는 직장이 월급이 더 많아 보이지만 현실적으로 힘들다는 것입니다. 그래서 그 부분을 이야기했더니 월급은 많은 편인데 거리가 멀고 작업환경이 먼지가 많은 곳이라 걱정이 된다고 합니다.

A의 결과에는 완즈 9번 카드와 Various 카드가 나왔습니다. 완즈 9번 카드는 매우 힘들게 지키고 있는 모습입니다. Various 카드는 A의 과정에서 걱정했던 먼지가 연상되기도 하고 또 Various는 먼지처럼 흩어지는 카드이기 때문에 많은 생각과 고민 끝에 결국은 오래 다니지 못하고 그만두게 될 가능성이 높아 보입니다.

B의 진행사항에는 펜타클 4번 카드와 Indigo 카드가 나왔습니다. 펜타클 4번 카드는 금전을 지키려고 하는 모습입니다. 돈을 많이 벌고 싶은 마음을 나타내는데 Indigo 카드가 인내와 희생을 나타내기에 금전적으로 좀 손해라는 것이고 그 문제로 인해 고민을 하고 있다는 것입니다.

B의 결과에는 소드 6번과 Gold 카드가 나왔습니다. 소드 6번은 생각의 변화나 환경의 변화를 나타냅니다.

Gold 카드는 돈과 건강을 나타내며 시간이 지날수록 점점 더 좋아진다고 이야기 하고 있습니다. 소드 6번처럼 생각의 변화를 가지면 시간이 지날수록 점점 좋아진다는 것입니다. 또한 건강에도 A에 비해 더 좋을 것 같습니다.

종합해보면 A와 B의 직장 중에 남편은 힘들어도 월급이 많기 때문에 A로 가려고 마음먹고 있지만 결국 오래 다니지 못하고 그만두게 될 가능성이 크고 B로 가는 것은 지금으로 봐서는 손해처럼 느껴지지만 점 점 더 좋아지게 된 다는 것입니다.

이런 상황이라면 당연히 B로 가야 하겠지만 문제는 남편이 이미 A로 결정한 상태이고 다른 사람의 말을 들으려 하지 않기 때문에 과연 B로 갈 수 있을까입니다.

실제로 아내 입장에선 아무래도 장시간 운전을 하며 출퇴근 하고 먼지가 많은 작업현장에서 일한다는 것이 신경쓰이기 때문에 B로 가길 원하는데 남편은 A로 가겠다고 해서 타로를 보러 왔던 것입니다.

과연 남편은 본인의 고집을 꺽고 B직장으로 갔을까요?

레드썬 컬러타로 심리 테스트

다음의 일곱가지 컬러 중에서 3초 이내에 눈에 들어오는대로 컬러를 나열하세요. 반드시 3초 이내에 순서대로 나열해야 합니다.

첫 번째로 선택한 색은 당신의 본질적인 성격과 과거를 나타낸다. 이제까지 당신의 장애 요인이 무엇인지 알 수 있다.

두 번째로 선택한 색은 당신의 현재 모습을 나타낸다. 현재 당신의 희망이나 꿈을 나타낸다.

세 번째로 선택한 색은 당신의 미래를 나타낸다. 앞으로의 삶을 살아가는 지혜를 가르쳐 준다.

⚙ Black - 검은색

첫 번째로 이 색을 선택한 당신,

예의 바르지만 강인하고 적극적인 행동력이 있다. 남의 눈에 우습게 보이는 것을 참을 수가 없으며 독립심이 강하다. 야망이 크며 세련되고 나이보다 젊어 보인다.

다소 편협된 사고방식을 지닌 사람들이 있으며 맺고 끊음이 확실하다. 남의 말을 잘 들어주는 것 같지만 내 주장이 강하고 내가 하고 싶은 대로 하려고 한다.

두 번째로 이 색을 선택한 당신,

무언가를 이루려고 하는 야망이 강하며 남들에게 강력한 권위를 보여주려 한다. 리더쉽이 강해 남을 잘 다루며 내가 원하는 대로 이끌어 간다. 남에게 의지하지 않고 스스로 모든 것을 해결하려 하며 아무리 힘들어도 약한 모습을 보이지 않는다. 힘이 들 땐 마음의 짐을 내려놓고 잠시 쉬어 가는 것이 좋다.

세 번째로 이 색을 선택한 당신,

아무리 힘든 일도 포기하지 않고 해나가게 될 것이다. 리더의 역할을 하게 되고 남들에게 인정받고 있는 자신을 발견할 것이다. 강한 승부욕으로 남보다 앞서게 될 것이며 매너있고 의리있는 사람으로 다른 사람들을 잘 다뤄 존경받게 된다. 너무 자기고집이 강한 것이 흠이 될 수 있으며 자신이 돋보이려고 하는 것보단 다른 사람들을 배려하는 모습이 자신을 더 인정받게 만들 것이다.

첫 번째로 이 색을 선택한 당신,

활력이 넘치고 매사에 열정이 넘치는 사람이다. 남에게 지기 싫어하는 성격으로 야망이 있으며 적극적이고 가끔은 다혈질적인 성격이 나오기도 한다. 모든 일에 앞장서기를 좋아하며 리더쉽이 강하다. 너무 성급하고 혼자 모든 것을 다 하려고 하는 성향으로 인해 당신의 재능이나 능력을 충분히 발휘하지 못했을 것이다. 당장 눈앞에 보이는 것만 생각하지 말고 좀 더 신중한 사고를 가지는 것이 필요하다.

두 번째로 이 색을 선택한 당신,

어떤 어려움과 난관 속에서도 의욕적으로 임한다. 매우 활동적이고 활력이 넘친다. 늘 스테미너가 넘치며 야망을 이루기 위해 열정을 가지고 생활한다. 당신은 늘 최고가 되고 싶어 한다. 일도 사랑도 언제나 열정이 넘친다. 단 너무 이기적인 것과 충동적인 것이 문제이다.

힘들 땐 주위 사람들과 고민을 나누는 것도 도움이 될 수 있다. 또 지금 당장 눈앞에 보이는 것보다는 멀리 미래를 보고 신중하게 생각해야 한다.

세 번째로 이 색을 선택한 당신,

이제까지보다 더 적극적으로 변하게 된다. 그동안 망설이며 쉽게 도전하지 못했던 일도 의욕적으로 서슴없이 도전하게 될 것이다.

남들이 꺼려하는 일에도 앞장설 수 있으며 어느 모임에서든 리더가 될 수 있다. 단 너무 나서는 것이 오히려 독이 될 수도 있으니 늘 다른 사람들과의 조화를 생각해야 하며 한 박자 천천히 생각하고 행동해야 더 좋은 길로 나아갈 수 있다.

✨ Violet – 보라색

첫 번째로 이 색을 선택한 당신,

평범함을 거부하는 개성적인 매력이 있다. 늘 다른 방식으로 생각하려 하고 새로운 방법을 찾으려 한다. 변덕스러운 면이 있을 수 있으며 생각은 있어도 게으른 면이 있어 쉽게 행동하지 않아 꿈을 이루지 못하는 경우가 있으며 항상 문제의 원인을 다른 곳에서 찾으려 한다. 불면증에 시달릴 수 있으며 불안해 할 수 있다.

두 번째로 이 색을 선택한 당신,

언제나 특별해지고 싶고 주목받고 싶다. 창의적이어서 아이디어를 잘 내곤하지만 하고 싶은 것이 있어도 불안한 마음에 쉽게 도전하지 않는다. 때론 비현실적인 상상과 괜한 걱정들로 잠을 이루지 못한다. 허영심을 버리고 현실적으로 판단하고 행동하는 것이 필요하다.

자신이 틀렸다는 것을 알면서도 쉽게 인정하지 못하는 성격으로 항상 문제는 다른 사람이 아닌 내 안에 있다는 것을 알아야 한다.

세 번째로 이 색을 선택한 당신,

신비한 능력을 발휘할 수 있다. 영적인 능력을 갖추게 되며 창의적인 사람으로 새로운 아이디어와 상상력이 신비한 세계로 인도할 것이다.

상담사나 창의적인 일에서 두각을 나타낼 수 있으며 어려운 사람들을 도와주거나 남을 위해 봉사할 가능성이 있다.

현실적으로 판단하고 집중력을 가지고 임하는 것이 도움이 될 것이다.

⊛ Orange - 오렌지색

첫 번째로 이 색을 선택한 당신,

매사에 긍정적이고 자신감이 넘친다. 어느 장소에서든 유머 있는 면과 쾌활함으로 다른 사람들을 기분 좋게 만들며 분위기 메이커로서 대인관계가 좋다. 깔끔하지만 인내력이 부족하여 조금만 힘들다 느껴지면 쉽게 포기할 수 있다. 외로움을 견지디 못해 혼자 지내지 못하며 지나친 의타심과 지금 당장 즐거움만 생각하는 것이 성장의 방해 요소가 될 수 있다.

두 번째로 이 색을 선택한 당신,

자신감 넘치고 긍정적인 마인드가 매사를 원활하게 처리하는 원동력이다. 좋지 않은 일에도 걱정보단 해낼 수 있다는 마음으로 즐거운 시간을 보내고 있으며 합리적인 사고방식도 지녔고 자신의 욕망을 잘 콘트롤할 수만 있다면 일의 진행이 잘될 것이다. 지나친 욕심이 화근이 될 수 있으니 욕심을 비워야 한다.

세 번째로 이 색을 선택한 당신,

그날 그날의 기분에 따라 변덕스러운 성향이 나올 수 있다. 하지만 합리적인 성품으로 잘 극복해 나갈 것이며 매사에 자신감이 생긴다.

그동안 느껴보지 못한 삶의 즐거움을 느끼게 될 것이며 야망이 생겨날 것이다.

사람들과의 관계에서 또는 먹는 것과 같은 가까운 곳에서 즐거움을 경험하게 될 것이며 활기찬 생활을 확대될 것이다. 단, 너무 욕심을 부리는 것과 집착하는 것은 피해야 한다.

※ Blue - 파란색

첫 번째로 이 색을 선택한 당신,

남에게는 차가운 인상을 줄지도 모르지만, 사실은 부드러운 모습을 지니고 있다. 매사에 책임감이 강하고 원하는 것을 이루려고 하는 의지와 정신력이 강하다. 말재주도 뛰어나며 리더쉽이 있다. 하지만 남의 일에 앞장서려 한 것이 오히려 손해를 본 적도 있다. 외로움을 많이 타지만 혼자 있는것에 익숙해져 있다.

남과 같이하기보다는 혼자서 감당하려고 하는 마음이 강하다.

두 번째로 이 색을 선택한 당신,

어떤 일에도 의욕을 가지고 하려고 한다. 신중하고 보수적인 사람으로서 자제심이 강하고 충동적이지 않다. 어려운 일이 있어도 강인한 정신력과 인내력으로 이겨내려 하지만 말실수로 오해를 사기도 한다. 정은 많지만 융통성이 부족할 수 있고 인정을 받지 못하면 자기 연민에 빠져 우울해지기도 한다.

세 번째로 이 색을 선택했던 당신,

지금껏 생각했던 것보다 능력 있는 자신을 발견하게 될 것이다. 마음먹은 해내고야 마는 강인한 정신력이 생길 것이며 자기 자신을 능력 있는 사람으로 변화시켜 나갈 것이다. 망설였던 일에도 나설 수 있으며 나보다 어려운 사람들도 도와주게 될 것이다.

늘 자신이 옳다고 생각하는 이기적인 면이 성장의 방해가 될 수 있으니 다른 사람들을 믿고 협력하는 지혜가 필요하다.

첫 번째로 이 색을 선택한 당신,

늘 합리적인 성품으로 머리가 좋고 주목받고 싶어 한다.

침착하고 소극적이지만 현실적으로 도움이 된다고 판단하면 실행력이 강하다.

어떤 일에 지나치게 따지고 고민하다가 기회를 놓칠 수 있다. 또한 남을 쉽게 의심할 수 있고 조금만 어려우면 쉽게 포기하기도 한다.

너무 현실적으로 계산하고 따지는 것이 방해가 되었을 것이다.

두 번째로 이 색을 선택한 당신,

똑똑한 당신은 약간의 어려움이 있더라도 극복할 수 있는 지혜가 있다.

지금의 당신은 현명하고 어떤 일에서든 이익을 만들어 낸다. 밝은 성격으로 다른 사람들에게 호감을 주지만 너무 냉정하여 다른 사람에게 시기를 받을 수 있다.

지나치게 고민하고 따지는 것이 방해가 될 수 있으므로 단순하게 생각할 필요가 있다.

세 번째로 이 색을 선택한 당신,

현명하고 합리적인 성향으로 적응 능력도 뛰어나다. 집중력이 뛰어나고 긍정적인 마인드의 소유자이다. 개성이 강하고 웬만한 어려움은 극복해 나갈 것이다.

모험심이 생기고 지적인 호기심이 강하여 여러 가지를 탐구하게 된다. 집중력이 뛰어나지만 금방 싫증을 느낄 수도 있다. 너무 심사숙고하다가 기회를 놓칠 수 있으니 자신의 능력을 믿고 도전해 보는 것이 좋을 것이다.

Green - 녹색

첫 번째로 이 색을 선택한 당신,

매사에 신중하며 이성적으로 판단한다. 정직하고 성실한 타입으로 옳고 그름에 대한 명확성을 가지고 있다. 부드러운 성품으로 대인관계가 좋다. 역경을 이겨내는 인내성과 참을성이 있다. 나서는 것을 별로 좋아하지 않으며 늘 묵묵히 자신의 맡은 일을 해나가는 사람이다. 자기 주장이 서툴고 다소 우유부단한 면으로 인해 손해를 보았을 것이다.

두 번째로 이 색을 선택한 당신,

현재 무리하지 않고 무슨 일이든 안정적으로 하고자 하는 마음이 강하다. 서두르지 않으며 사람들과의 대인관계도 좋다. 편안한 마음으로 생활하고 있으며 웬만한 어려움은 극복해 낼 수 있는 참을성과 인내심이 있다. 자칫 주위 사람들을 너무 의식하고 틀에 박혀있는 사고방식이 어려움에 빠뜨릴 수 있다.

세 번째로 이 색을 선택한 당신,

성실하고 신중하게 행동하고자 하는 마음이 강해질 것이다. 소신껏 행동하다보면 도움을 줄 수 있는 사람이 나타나게 될 것이며 대인관계의 폭이 넓어질 것이다. 올바른 사고방식과 더불어 사는 성품이 미래를 안정적으로 이끌 것이다.

하지만 너무 신중하다가 기회를 놓칠 수 있고 남을 쉽게 믿는 것으로 손해를 볼 수 있으니 결단력이 필요해 보인다.

참고문헌

에바 헬러Eva Heller, 이영희 역, 「색의 유혹」, 예담, 2002.

잉거 네스Inger Naess, 김정숙 역, 「컬러 에너지」, 슈리크리슈나다스아쉬람, 2006.

스파이크 버클로Spike Bucklow, 이영기 역, 「빨강의 문화사」, 컬처룩, 2017.

Daum 백과 http://100.daum.net/

나무위키 https://namu.wiki/

레드썬 권우진

- 2010년 역학 입문
- 현 동방대학원 대학교 평생교육원
- 국내최초 유니버셜타로와 컬러타로를 접목시킨 이론체계 완성 및 강의
- 전 '아이러브타로' 원장
- 레드썬 컬러타로 개발 및 제작자
- 유니버셜 웨이트 타로 및 컬러타로 교수
- 수년간 다수의 타로마스터 양성
- 레드썬 타로학회장
- 현기아카데미 부회장
- 한양대학교 미래인재교육원 타로교수

E-mail kxxx5425@daum.net
블로그 https://colortarot.tistory.com/(레드썬 권우진의 색채타로 이야기)
밴드명 '레드썬 권우진의 아이러브타로'
유튜브 '레드썬타로'(타로오빠썬)

쉽고 재미있는 레드썬의 **컬러타로**

2023년 9월 27일 초판 인쇄
2023년 10월 5일 초판 발행

지은이 권 우 진
펴낸이 한 신 규
디자인 이 은 영
펴낸곳 글터

서울특별시 송파구 동남로 11길 19(가락동)
Tel. 070-7613-9110 Fax. 02-443-0212 e-mail geul2013@naver.com
출판등록 2013년 4월 12일(제25100-2013-000041호)

출력 GS테크 **인쇄·후가공** 수이북스 **제본** 보경문화사 **용지** 종이나무

ⓒ권우진, 2023
ⓒ글터, 2023. printed in Korea

ISBN 979-11-88353-58-3 03180 **정가** 28,000원